Para

com votos de paz.

CB025445

Divaldo Franco
Pelo Espírito Joanna de Ângelis

Desperte e seja feliz

Série Psicológica Joanna de Ângelis
Vol. 7

Salvador
13. ed. – 2023

COPYRIGHT ©(1996)
CENTRO ESPÍRITA CAMINHO DA REDENÇÃO
Rua Jayme Vieira Lima, 104
Pau da Lima, Salvador, BA.
CEP 412350-000
SITE: https://mansaodocaminho.com.br
EDIÇÃO: 13. ed.(4ª reimpressão) – 2023
TIRAGEM: 2.000 exemplares (milheiro: 71.500)
COORDENAÇÃO EDITORIAL
Lívia Maria C. Sousa

REVISÃO
Jorge Leite · Plotino Ladeira da Matta
CAPA
Cláudio Urpia
MONTAGEM DE CAPA
Ailton Bosco
EDITORAÇÃO ELETRÔNICA
Lívia Maria C. Sousa
COEDIÇÃO E PUBLICAÇÃO
Instituto Beneficente Boa Nova

PRODUÇÃO GRÁFICA
LIVRARIA ESPÍRITA ALVORADA EDITORA – LEAL
E-mail: editora.leal@cecr.com.br

DISTRIBUIÇÃO
INSTITUTO BENEFICENTE BOA NOVA
Av. Porto Ferreira, 1031, Parque Iracema. CEP 15809-020
Catanduva-SP.
Contatos: (17) 3531-4444 | (17) 99777-7413 (WhatsApp)
E-mail: boanova@boanova.net
Vendas on-line: https://www.livrarialeal.com.br

Dados Internacionais de Catalogação na Publicação (CIP)
(Catalogação na fonte)
BIBLIOTECA JOANNA DE ÂNGELIS

F825	FRANCO, Divaldo Pereira. (1927) *Desperte e seja feliz.* 13. ed. / Pelo Espírito Joanna de Ângelis [psicografado por] Divaldo Pereira Franco, Salvador: LEAL, 2023 (Série Psicológica, volume 7). 136 p. ISBN: 978-85-61879-90-7 1. Espiritismo 2. Psicografia 3. Reflexões morais 4. Psicologia I. Título II. Divaldo Franco CDD: 133.93

Bibliotecária responsável: Maria Suely de Castro Martins – CRB-5/509

DIREITOS RESERVADOS: todos os direitos de reprodução, cópia, comunicação ao público e exploração econômica desta obra estão reservados, única e exclusivamente, para o Centro Espírita Caminho da Redenção. Proibida a sua reprodução parcial ou total, por qualquer meio, sem expressa autorização, nos termos da Lei 9.610/98.
Impresso no Brasil | Presita en Brazilo

SUMÁRIO

Desperte e seja feliz	7
1 O Homem Jesus	11
2 Litígios	15
3 Provocações	19
4 As incompreensões	23
5 Enfrentando tentações	27
6 Reclamações indevidas	31
7 Três inimigos	35
8 Diante da luta	39
9 Arrependimento e reparação	43
10 Fé e vida	47
11 Vida social	51
12 Advertência de amor	55

13	Edificações duradouras	59
14	Comportamento	63
15	Sucesso e *sucesso*	67
16	Luta pela conquista da paz	71
17	Técnicas de reabilitação	75
18	Autorrealização	79
19	Esquecimento providencial	83
20	O médico interno	87
21	Dor-reparação	91
22	Amorterapia	95
23	Curas	101
24	Inteireza moral	105
25	Plenificação íntima	109
26	Conserva-te em harmonia	113
27	Orações solicitadas	117
28	Mecanismos da evolução	123
29	Sobrevivência e libertação	127
30	Natal de amor	131

Desperte e seja feliz

O homem e a mulher contemporâneos, seduzidos pelas ambições desmedidas do poder que lhes propicia luxo, lazer e gozos, permanecem adormecidos para as graves responsabilidades espirituais.

Considerando-as de secundária importância, na vã suposição de que podem remediar a situação íntima a qualquer instante, transferem o pensamento e a emoção para o exterior, com grandes prejuízos da harmonia interna.

As suas preocupações e anelos giram em torno dos valores materiais, e supondo-se, equivocadamente, pessoas especiais, incólumes ao sofrimento, às aflições e aos acontecimentos desagradáveis que são inevitáveis, anestesiam-se, olvidados dos fenômenos biológicos, em constantes modificações, e das ocorrências morais inesperadas, quando não a detestada presença da própria morte ou da sua passagem pelo seu lar...

Distraídos nos jogos das ilusões, aplicam o tempo na volúpia do prazer, distanciados de quaisquer compromissos elevados para com a vida, que os espreita, inexoravelmente, aguardando o momento de convocá-los para a realidade.

Supõem que a sua alegria não terá termo e que as concessões que desfrutam não chegarão ao fim...

Pobre capacidade de consideração e respeito pela vida!

Quando, porém, são chamados aos embates da evolução em razão das ocorrências menos felizes do dia a dia, desestruturados e desequipados, imergem na amargura ou na revolta, no medo ou nas fugas espetaculares, procurando evitar os desafios, ou os enfrentam com hostilidade, acrimônia, violência, insensatez...

O resultado, bem se depreende, é negativo, quando não é infeliz.

Muita falta faz o conhecimento e a vivência da Doutrina de Jesus à criatura moderna.

Confundida ou adulterada com fórmulas inócuas ou verbalismos vazios de significado espiritual, é aceita como proposta social relevante ou hábito ancestral mantido sem experiência profunda.

A lapidar lição do amor, largamente repetida e pouco experimentada, bastaria para alterar a paisagem moral dos seres, facultando-lhes felicidade.

Em razão disso, há muita alegria ruidosa, volumosas explosões festivas, campeonatos de gozos e pouca harmonia nos seres humanos.

Multiplicam-se as glórias da inteligência, mas também os conflitos do sentimento.

Seres vazios deambulam em todas as direções, e viandantes que perderam o sentido existencial embriagam-se nas utopias para fugirem de si mesmos e dos outros.

O Espiritismo chega, neste momento grave, como resposta do Céu generoso à Terra aflita, oferecendo diretrizes, equipamentos e luzes que proporcionam paz.

É necessário que haja um despertamento para os valores do Espírito eterno, a fim de que se consiga a identificação consigo mesmo e com o Bem.

Reunimos, nesta pequena obra, trinta questões-desafio que ocorrem com frequência e aturdem as criaturas humanas.

Sem pretensão de equacioná-las, apresentamos angulações otimistas, e abrimos espaços para uma visão espiritual, positiva, do comportamento.

Não adimos conceitos novos que já não sejam conhecidos, antes os reapresentamos em linguagem própria para estes tempos de perturbação e de sofrimento.

Aguardando que o caro leitor medite em nossas palavras e encontre a plenitude, convidamo-lo a que desperte e seja feliz.

JOANNA DE ÂNGELIS
Salvador, 14 de fevereiro de 1996.

No processo da evolução, cada Espírito desenvolve, etapa a etapa, determinados valores que lhe são inatos.

Em uma oportunidade aprimora a inteligência, noutra o sentimento, mais adiante a aptidão artística, buscando a perfeição que sintetiza a aquisição de todos os bens intelecto-morais.

Afligindo-se, não poucas vezes, por constatar as dificuldades que defronta impedindo-lhe o avanço, estaciona, desanima ou rebela-se.

A jornada é atraente, e a conquista das vitórias dá-se mediante o investimento dos melhores esforços, do interesse e do empenho para consegui-las.

Toda aquisição é resultado de afanoso trabalho.

A plenitude, por isso mesmo, é patamar superior, que para ser conquistada depende das realizações felizes nas faixas precedentes.

Assim, buscando a harmonia, propõe-te o desafio de prosseguir seguindo Jesus, o Modelo Ideal da Humanidade, que te aguarda gentil.

1
O Homem Jesus

No atual estágio da Psicologia profunda, um estudo da personalidade de Jesus não se torna conclusivo, por ausência de agudeza, recursos técnicos e profundidade de entendimento da Sua respeitável Doutrina, que vem abrindo expressivos espaços em torno da compreensão da criatura humana integral.

O *Homem de Nazaré* transcende as dimensões da análise convencional, pelo menos nos termos do pensamento que se deriva das belas, mas não concluídas, por enquanto, contribuições freudianas.

Examinada a criatura apenas do ponto de vista da libido, as raízes da observação encontram-se fixadas nas heranças animais, nos impulsos reprodutores, perdendo-se no primitivismo...

Por outro lado, as propostas que se derivam dos arquétipos junguianos vão apenas até as origens do inconsciente coletivo nos primórdios da evolução animal...

Ambos os conceitos, portanto, são insuficientes para penetrar na essência da causalidade do ser, na sua realidade espiritual, precedente às manifestações no plano físico terrestre.

Jesus transcende, desse modo, os estágios do processo de evolução na Terra, porquanto Ele já era o Construtor do Planeta, quando sequer a vida nele se apresentara.

Limitá-lO nas estreitas linhas psicológicas do *anima* como do *animus*, ou simultaneamente, seria cingi-lO a limites do entendimento analítico em forma definitiva, aprisionadora.

Numa visão de Psicanálise perfunctória, poder-se-ia situá-lO como sendo uma síntese de ambas as polaridades em harmonia emocional, resultando em equilíbrio fisiológico, retratado no homem que se superou, tornando-se *Modelo e Guia* para toda a Humanidade.

As fontes disponíveis para a coleta de dados e análise profunda são as narrações evangélicas, insuficientes, pelo referir-se aos Seus ditos e ações mediante linguagem especial, às vezes vitimada por interpolações, deturpações, enxertos perniciosos, que lhes descaracterizam a exatidão.

Não se encontram relatos históricos, dados precisos, porém informações, algumas delas fragmentárias.

De todo o acervo, no entanto, depreende-se haver sido Ele incomum.

Sua energia expressava-se com brandura.

Sua bondade manifestava-se sem pieguismo.

Sua coragem exteriorizava-se como valor moral que nada temia.

Seu amor abrangia todos os seres, sem deixar-se arrastar pelos sentimentalismos banais e desequilibrados.

Sua sabedoria irradiava-se, sem constranger os ignorantes.

Sua gentileza cativava, sem deixar distúrbios na emoção do próximo.

Era severo, não brutal; afável, não conivente; nobre, não orgulhoso; humilde, não verbal.

N'Ele coexistem as naturezas psicológicas *anima* e *animus* em perfeita sintonia.

No *Sermão da Montanha,* Sua *natureza anima* consolou e espraiou esperança; no Gólgota, Sua expressão *animus* alcançou o máximo, após as rudes e profundas experiências daquelas horas, que se iniciaram na *solidão* do Horto e se prolongaram até o momento da morte.

Faltam, portanto, parâmetros, paradigmas para penetrar o pensamento de Jesus e entender-Lhe a vida, rica e enriquecedora, complexa e desafiadora.

De uma forma geral, talvez mais simples, quiçá profunda, a Psicologia poderá mergulhar no Seu pensamento para entendê-lO através das Suas próprias palavras, caso logre compreendê-las:

– *Eu sou o pão da vida...*
– *Eu sou a porta...*
– *Eu sou o caminho...*
– *Eu sou o bom pastor...*

Somente indo até Ele e deixando-se penetrar pela Sua *Realidade*, poderá a Psicologia profunda entendê-lO sem O definir, estudá-lO sem O limitar.

Por instinto a criatura é agressiva, e quando não consegue exteriorizar essa violência, tomba em mecanismos de fuga, de depressão, de amargura. Herança dos estágios inferiores da evolução, deve ser canalizada para a aquisição dos valores morais, intelectuais, artísticos, profissionais.

A conquista da razão proporciona a transmutação da agressividade, fazendo que haja predominância da natureza espiritual *em detrimento da animal, no ser humano.*

Quando o indivíduo não consegue ou não deseja modificar-se, alterando o comportamento para o equilíbrio e o progresso, elege o litígio como forma de autossatisfação, de exaltação do ego. Torna-se contundente, invejoso, ciumento, trabalhando contra o processo natural da evolução.

Há momentos para aclaramentos e dissensões, em níveis elevados de discordância. Não a qualquer hora e por qualquer motivo.

Tem cuidado contigo! Deixa que perpasse em ti e te encharque a Energia Divina, a fim de que superes a tentação de contender ou de te abateres ante os perseguidores contumazes, os litigantes da inutilidade.

2
LITÍGIOS

Herança da natureza animal predominante no ser humano, a tendência ao litígio, à competição, à dissensão torna-se, a pouco e pouco, com essa característica do primarismo de que não se libertou, agressiva e hedionda.

Dissentir é, muitas vezes, uma atitude saudável, quando não se está de acordo por uma ou outra razão. No entanto, transformar a sua discordância em motivo de litígio é injustificável, somente compreensível por tratar-se de remanescente da inferioridade moral do opositor.

A fim de manter o seu *ponto de vista,* o litigante, não raro, urde mecanismo de violência, recorrendo à calúnia, à infâmia, à agressão inqualificável.

Vestígio das fases iniciais da evolução, na *luta pela vida,* o ser racional permanece, quando assim se encontra, em atitude de autodefesa, em razão da insegurança em que se demora, partindo para a agressividade, para o litígio perturbador, no qual o *ego* predomina e se satisfaz.

À medida que o adversário vê o triunfo do outro, aquele a quem combate, mais impiedoso se torna, recorrendo a expedientes de desmoralização, pela impossibilidade de superá-lo através dos valores do Espírito.

Ontem, eram utilizados a tocaia, o duelo, o combate físico para atender as paixões inferiores.

Hoje, guardadas as proporções, ainda se utilizam de equivalentes recursos, à socapa, sob disfarces de defesa dos nobres ideais, para alijamento dos *perigosos inimigos,* que são aqueles aos quais combatem.

Os litígios são reminiscências do passado, sinais de identificação do atraso em que permanece grande número de membros da sociedade humana.

Não estranhes, no ideal a que te entregas, a presença do opositor, o desafio para litígios.

Não se encontram esses companheiros lutando pela causa que dizem defender, antes laboram estimulados pela inveja, pelo despeito, pelo amor-próprio ferido.

Sentindo-se inferiorizados, exaltam-se, exibindo e esgrimindo as armas da arrogância, da crueldade, anelando pelo sofrimento, pela ruína, pela queda do outro, daquele a quem elegeu para derrotar.

De forma alguma, dê-lhes espaço nos teus sentimentos.

Quem se dispõe a uma tarefa de enobrecimento, equipa-se de coragem para arrostar as consequências da decisão e da ação.

Ignora, portanto, aqueles que se te fazem crucificadores, mesmo quando disfarçados de benfeitores, de defensores da verdade – a verdade deles...

Silencia e prossegue.

Retifica o que se te apresente equivocado, dúbio, incorreto e faze o melhor ao teu alcance.
Sempre haverá razões para os litigantes. Eles vivem emocionalmente das polêmicas que sustentam.
Afinam-se uns com os outros, até o momento em que se desavêm, pois não conseguem viver sem impor-se, sem chamar a atenção, sem o alimento da presunção...
A morte, que te tomará o corpo, buscá-los-á também, e passarão esquecidos, ou recordados somente por aqueles com os quais mantêm afinidade.
Além da cortina de *sombras* do corpo, eles mudarão a forma de pensar, de entender, de comportar-se, e se recuperarão.

Jesus não transitou no mundo sem os sofrer.
A cada passo enfrentava-os, era desafiado pelos litigantes.
Allan Kardec também os encontrou entre aqueles que se diziam filiados à Doutrina de que ele se fizera o codificador.
Todos os homens e mulheres de bem lhes experimentam a militância, a oposição.
Sê tu aquele que não litiga, mas faz o bem; que não revida, porém permanece com firmeza no ideal até o fim da existência física.

*A Divina Energia tudo penetra suavemente, enrique-
cendo de vitalidade todos os organismos que a recebem.*

*Quando alguém se desloca emocionalmente para as áre-
as da perturbação, das discussões inúteis, dos campeonatos do
ego, deixa de beneficiar-se com o seu tônus, passando a produzir toxinas e venenos que desarmonizam os delicados equipamentos orgânicos.*

*Nunca faltam motivos para disputas renhidas de resul-
tados perturbadores.*

*A sabedoria dos que se elevam acima das mesquinharias
da vaidade e da presunção nunca se detém nos pauis que produzem intoxicação e morte.*

*Ceder espaços e tempo da emoção para justificar-se, im-
por-se, responder críticas constitui recurso daninho, que cedo se
converte em desconcerto interior.*

*A consciência da ação correta não se compadece com a
anarquia, a perseguição gratuita da ociosidade. Paira, inal-
terada, em sintonia com as forças vitalizadoras do Bem, que
proporcionam saúde e paz.*

3
PROVOCAÇÕES

A provocação de qualquer natureza é morbo que gera contágio e, quando aceita, transforma-se em desequilíbrio.

O provocador está de mal com ele mesmo, saindo da cela escura em que se domicilia para perturbar, irradiando azedume, propondo anarquia. Ignora-o e segue adiante.

Por ele assediado, considera as desvantagens da empresa, aplicando o teu tempo de forma produtiva.

Tens um compromisso com a própria consciência, que te ensina respeito ao próximo, a quem deves amizade, não, porém, obediência, sujeição.

A tua tarefa, deves realizá-la, conforme a abraçaste.

A opinião dos outros merece a consideração que lhe dás.

Assim, não te detenhas em justificativas ou discussões inúteis, que somente aumentariam as desarticulações do trabalho, estabelecendo balbúrdia, perturbação.

Os provocadores de polêmicas agem com insensatez. Estão sempre contra todos aqueles que os não homenageiam. A sua cegueira é farta de presunção. Acreditam deter a verdade, a sabedoria, só eles que se autonomearam seus zeladores, olvidados de que passam pela Terra e não permanecerão no posto de vigilância, que dizem resguardar.

A polêmica, nascida no despeito, na mágoa, na paixão, somente produz desarmonia, trevas, nunca esclarecendo.

Adotaste o comportamento de construtor da esperança, iluminador de consciências, mensageiro do amor.

Allan Kardec, atacado por adversários gratuitos e amigos que não lhe correspondiam à afeição, jamais se defendeu, debateu, polemizou, no campo da vulgaridade. Quando respondeu às críticas, sempre o fez com elevação de linguagem, com argumentação sólida e clara, com respeito pelo opositor. Manteve o nível da discussão na órbita das ideias e nunca da agressão às pessoas.

Jesus, constantemente provocado, permaneceu em alto padrão de comentário, aplicando a terapêutica da compaixão em favor dos Seus perseguidores.

O tempo é sempre o melhor medicamento para todos os males. Ninguém se exime da sua marcha inexorável.

Aos polemizadores que te acusam, responde com o silêncio e as ações que os desmentirão.

Eles são ociosos, observando o que consideram sejam as falhas alheias, e não se dão conta das próprias.

Ademais, todos desencarnarão, e cada qual enfrentará a consciência, que se não anestesia, em razão de as *Leis de Deus estarem inscritas nela.*

Desperte e seja feliz

Ensina, persevera no ideal, mas não te consideres *dono da verdade*, servindo com amor e não estacionando para colher resultados ou observar frutos.

A tua é a tarefa de ampliar os horizontes do Bem, na Terra, em nome do Amor não amado, até hoje incompreendido.

Quem sintoniza com a Mente Divina *sempre exterioriza paz, irradiando incomum alegria de viver.*

Qual raio de sol que oscula o pântano, com a mesma tranquilidade o faz com a pétala de rosa; não se aturdindo na algaravia, nem se alterando no silêncio.

Frui da harmonia que absorve, e perturbação alguma o desestrutura, porque entende que o perseguidor está enfermo e o adversário estagia em patamar inferior da evolução.

Em vez de revidar o mal que lhe impõem, oferece o amor que lhes falta, em forma de perdão e de fraternidade, que necessitam.

Nunca hostiliza a ninguém, porque superou as heranças do primarismo, aspirando as vibrações elevadas dos planaltos da felicidade, onde se encontra psiquicamente.

Sente-se estimulado à evolução e mais se doa por constatar quão imensa é a carência daqueles que ainda se estorcegam nas paixões perturbadoras.

O Hálito de Deus, *que a tudo vitaliza, nele encontra receptividade e penetração, por isso é feliz.*

4
As incompreensões

Pessoa alguma logra vencer a jornada terrestre sem enfrentar os obstáculos necessários ao seu processo de iluminação interior.

Dentre muitos, aqueles de natureza moral fazem-se os mais mortificadores, desafiando as resistências íntimas e conspirando contra a harmonia pessoal.

Destaca-se entre esses, no relacionamento social, a incompreensão, criadora de situações lamentáveis.

A incompreensão tem raízes em comportamentos íntimos que se mascaram, renovando as formas de agressão e mantendo a mesma acidez.

A inveja é-lhe estimuladora, provocando situações insustentáveis.

A competição malsã encoraja-a, buscando derrubar o aparente adversário.

A malícia favorece o intercâmbio para a sua ação mórbida, espalhando suspeitas e calúnias.

A incompreensão está em germe na alma humana ainda em processo de crescimento.

Herança dos *instintos agressivos*, reponta com insistência nas mentes e busca residência nos corações.

Em razão da inferioridade dos homens, a incompreensão fomenta o desabar de excelentes construções de amor.

Os mais abnegados promotores do progresso padeceram a incompreensão dos seus coevos.

Abraçados ao ideal, não podiam compactuar com os frívolos e os maus que os buscavam, em tentativa de amizade para desviá-los do compromisso.

Os santos experimentaram-na na carne, espezinhados e perseguidos nos grupos de onde se originavam.

Os missionários do Bem se viram sacrificados e confundidos, porque não pararam, cedendo nos seus ideais.

Os invejosos crivaram-nos de espinhos e dores, gozando por vê-los quase sucumbir...

Ninguém conseguirá caminhar em paz na multidão.

As diferenças ideológicas e morais, vibratórias e culturais não deixarão, por enquanto, que a fraternidade ajude e o amor ampare.

Perdoa aos teus perseguidores. Eles já são infelizes, em razão do que cultivam no íntimo e do que, realmente, são.

Prossegue em confiança, sem te deteres para examinar as incompreensões do caminho.

Os apedrejadores adotam a tarefa de somente agredir.

Sê tu quem avança, compreendendo.

Desperte e seja feliz

Todo o mal que te façam, não te fará mal. Pelo contrário, promover-te-á a estágio superior, se souberes enfrentar a situação.

O teu exemplo de humildade ser-lhes-á um chamado à renovação, à paz.

Não te detenhas, nem te entristeças diante das incompreensões.

Nunca agradarás aos exigentes, aos irresponsáveis, aos ignorantes.

Agrada, então, à tua consciência do bem e prossegue com alegria íntima pelo roteiro que elegeste, e não olhes para trás.

O crescimento espiritual não cessa, quando o ser se entrega à conquista dos relevantes valores do Bem.

Muitas vezes, os choques que se derivam dos fenômenos contrários, quando bem conduzidos, auxiliam o processo de desenvolvimento, apressando a manifestação dos recursos adormecidos.

Eis por que, muitos desafios se expressam como convites- -tentações para os embates perversos e perigosos.

Diante deles, a serenidade desempenha papel fundamental, diluindo-lhes os impactos perniciosos, as ciladas cruéis.

Porque enxameiam ao lado dos operosos, aqueles que se permitem a preguiça; dos idealistas, outros que respiram e cultivam o pessimismo; dos bons, aqueloutros que se comprazem na anarquia e na inferioridade, multiplicam-se as armadilhas da iniquidade e do vício, ameaçando, buscando produzir conflitos e desordens.

Considerando-se, porém, que só há vitória real após a luta vencida, as provocações perdem a sua aspereza ante os comportamentos seguros dos que trabalham pela Verdade e que lhes não tombam nas trampas, prosseguindo impertérritos e felizes.

5
ENFRENTANDO TENTAÇÕES

Perseguido, estiveste a ponto de também agredir. Acusado, experimentaste o desejo forte de revidar. Incompreendido, quiseste reagir com a mesma expressão.

Abandonado, sentiste a mágoa, que te sugeria desforço imediato.

Difamado, viste a oportunidade de investir contra os teus detratores, desmoralizando-os.

Enfermo, foste quase vencido pelo desânimo.

Aturdido, experimentaste o vinagre da amargura.

Traído, percebeste que a solução seriam as acusações ácidas.

Esbordoado pela indiferença, querias devolvê-la com rancor.

Apontado pela ironia e pelo descrédito, por pouco não sucumbiste, alquebrado.

Felizmente, as tentações não te deixaram piorar o quadro das provações redentoras.

Nada acontece, porém, que não seja para melhor, quando se sabe retirar o bom proveito da situação.

Ninguém cresce, moral e espiritualmente, sem a presença mortificadora da tentação.

As tentações são as pedras da estrada, criando impedimentos à movimentação dos viajantes do progresso; são os espinhos cravados nas *carnes do coração,* ferindo a cada contração muscular...

Constituem, também, os estímulos à vitória, à transformação íntima para melhor. São o aguilhão que impele para frente todo aquele que lhe padece o acúleo.

As tentações que levam à irritação, ao revide, não são maiores do que aqueloutras que fazem arder as emoções profundas e se apresentam como tormentos ocultos do sentimento, do sexo, dos vícios, e outras que a ambição desmedida sussurra aos ouvidos da alma.

A vida, sem tentações ou testes de avaliação moral, perderia o seu colorido e as suas motivações de crescimento.

Enfrenta as tentações com estoicismo, em paz de espírito. Elas te ajudam a vencer as limitações, o egoísmo, a jactância, a presunção orgulhosa...

Descobre-te frágil, como realmente o és, e adquire com elas as forças para seres resistente contra o mal ainda existente em ti mesmo.

Cada vitória, nesta área, será conquista para mais valioso tentame.

Mesmo Jesus, o Sábio por excelência, foi tentado, ensinando-nos que, se a tentação é fenômeno humano, a resistência contra o mal é conquista divina.

A reencarnação é dádiva de Deus para o processo de evolução espiritual do ser.

Quando livre do ergástulo carnal, o Espírito anela por ascender, empenhando-se até o sacrifício, a fim de alcançar a meta superior.

Mergulhando, porém, no corpo físico, não raro apagam-se as lembranças dos compromissos assumidos, diminuindo de intensidade as aspirações enobrecedoras.

Quando lhe surgem as dificuldades naturais, também se apresentam as reclamações injustificáveis.

Recordar-se de Jesus é a maneira eficaz para superar o desânimo e a rebeldia.

Deixa que o Seu psiquismo te vitalize, aumentando-te o interesse pela luta, fortalecendo-te em todos os momentos.

Sintonizado com Ele, superarás os problemas perturbadores e as dificuldades desafiadoras.

Nunca te facultes duvidar do Divino auxílio. Todavia, acalma-te e eleva-te mediante a oração, evitando reclamações e agindo serenamente, porquanto toda conquista é resultado de esforço e trabalho bem encaminhado.

Reclamação é perda de tempo.

Abre-te ao Bem e tem paciência.

6
RECLAMAÇÕES INDEVIDAS

Antes de mergulhares no corpo denso da carne, porque te utilizavas da consciência lúcida, rogaste aos benfeitores do teu destino as oportunidades de crescimento mediante a redenção pessoal.

Reconhecias as tuas deficiências e compreendias quando se te faziam indispensáveis os programas iluminativos, assim considerando a urgência da meditação, a fim de que pudesses agir com equilíbrio, sem novos comprometimentos morais.

Por mais te possas surpreender agora, naquele ensejo suplicaste a presença da aflição, vez que outra; da enfermidade, periodicamente; dos testemunhos morais frequentes, de modo que a consciência não se esquecesse da fragilidade da vida física, nem da peculiaridade evolutiva do homem, que ocorre, quase sempre, através da dor.

Os teus mentores espirituais alvitraram que não terias resistência para os embates rudes na jornada carnal. No entanto, porque podias antever o futuro feliz que te aguardava, esclareceste que suportarias a cruz com sorrisos e a calúnia com perdão, o antagonismo com fé e o abandono com coragem...

Foste preparado para o cometimento e tiveste o contributo de fidelidade de Espíritos nobres que se ofereceram para ajudar-te, na condição de genitores abnegados, ou irmãos gentis, ou companheiros de lutas devotados...

Mergulhaste na névoa carnal entre júbilos e promessas, candidatando-te ao triunfo.

Chega o momento da avaliação dos teus recursos através dos testemunhos.

Apoia-te na coragem e recorre à fé – teus mecanismos de segurança.

Respiras no clima que te é necessário ao processo liberativo.

Nuvens carregadas e tempestades frequentes anunciam-se, ameaçadoras, e escurecem o céu dos teus júbilos.

Na aduana das tuas realizações, fiscais desalmados se postam, intolerantes e cruéis.

O teu trabalho nobre desperta ciúme, e a calúnia zurze o látego no teu dorso; a inveja segue-te os passos, produzindo competições vis; a maledicência insensata aumenta o vozerio perturbador e sentes o perigo batendo à tua porta.

Não reclames!

Agradece a Deus a oportunidade de seres aquele que exemplifica entre lágrimas o que os outros fruem, por enquanto, entre sorrisos.

O dia de todos sempre chega, convidando, uma a uma, as criaturas, à reflexão e ao fenômeno de amadurecimento.

Desperte e seja feliz

E a morte, que a ninguém poupa, chamar-te-á e a todos os homens ao despertamento, para aferição de valores diante da consciência, sob a vigilância do Amor de Deus.

Nunca te queixes nem relaciones ingratidões.

O ingrato sabe que o é. Amargurado, autopune-se. Infeliz, aflige-se.

Quanto a ti, segue adiante.

Jesus, que é Perfeito, experimentou entre os homens o sarcasmo, a desolação, a negativa e a traição, ensinando-nos que o Amor, para ser verdadeiro, é paciente, tolerante, compreensivo, jamais reclamando, pois que Ele sabia que a Terra é ainda escola de redenção, e os homens que a habitam encontram-se em processo de aprendizagem e complementação espiritual.

Não reclames, pois, nunca mais!

A mensagem da Vida é harmonia.

Em toda parte estua o equilíbrio que deflui das Leis Cósmicas.

A criatura humana está fadada ao amor, percorrendo os caminhos da ordem para atingir as paisagens do bem-estar.

No desenvolvimento das atividades a que se entrega, não raro é surpreendida pelos fenômenos desgastantes do trabalho e da luta em si mesmos.

Se se doa ao desalento, para de crescer.

Se se permite mágoas, intoxica-se.

Se se faculta violência, desarmoniza-se e enlouquece.

A conduta recomendada é a que se deriva da vigilância que se mantém atenta aos primeiros sinais de desajuste, logo restabelecendo o ritmo da ação.

Indispensável, portanto, permanecer em sintonia com o Pensamento Universal que vibra em toda parte, preservando a confiança em Deus e aprendendo com o tempo as preciosas lições do equilíbrio.

O concurso da oração, da meditação e as disciplinas morais completam o quadro terapêutico para a preservação da saúde espiritual.

7
TRÊS INIMIGOS

Inúmeros adversários trabalham contra a paz. Destacamos três que são cruéis, na sordidez dos seus processos perseguidores.

Aparecem quando menos se aguarda, e assumem proporções ameaçadoras que terminam por desequilibrar, levando ao fracasso.

Sentimentos enobrecidos, capacidades invulgares de lutas, Espíritos corajosos, quando por eles alcançados tombam, deixando escombros onde antes operavam com alegria.

À semelhança de vapor morbífico contaminam e, antes que o indivíduo se dê conta, eis que está infectado e só a muito esforço se liberta da presença perturbadora de tais invasores.

Sutis ou violentos, utilizam-se de façanhas perversas e alojam-se perigosamente no coração e na mente, engendrando estados de turbação do raciocínio e de desinteresse pela vida.

Referimo-nos à depressão, ao ressentimento e à exaltação.

Quando o cerco dos problemas torna-se aparentemente irremediável, os temperamentos de constituição mais delicada caem em depressão.

A depressão é semelhante à noite inopinada em pleno dia. É nuvem ameaçadora que tolda o sol. É tóxico que envenena lentamente as mais belas florações do ser.

O ressentimento é parecido a mofo que faz apodrecer o sustentáculo onde se apoia. Utilizando-se de causas propiciatórias, desenvolve-se e, invariavelmente, alcança poder destruidor onde se fixa.

A exaltação, idêntica à faísca de eletricidade devoradora, atinge os nervos e produz *relâmpagos* de loucura com *trovoadas* carregadas de impropérios e rebeldias, que estiolam os ideais da vida e despedaçam aqueles que lhe tombam nas malhas.

Recursos salvadores são a oração, o prosseguimento do trabalho e o amor desinteressado e incessante.

Para a depressão, imediatamente se deve usar a vacina da coragem pela prece.

Para o ressentimento, o raciocínio lúcido, mediante o amor que não espera nada.

E para a exaltação, o refrigério da meditação, que recompõe as energias.

Em um contexto histórico, onde o vício adquire cidadania, a crueldade recebe aplausos, a insensatez goza de apoio e a corrupção predomina sob estatuto legal, o cristão decidido enfrenta muitas dificuldades.

As licenças morais de baixo nível medem os homens pela escala inferior e as mulheres pelos desatinos comportamentais.

Desperte e seja feliz

É *natural* que a ganância, a soberba e a violência grassem sobremaneira dominadoras, a fim de que se preserve o *statu quo*.

Convidado, porém, por Jesus para te tornares fortaleza inexpugnável, não podes anuir com os métodos e costumes que predominam em certas faixas da sociedade contemporânea. E porque te manténs à margem desses acontecimentos, os inimigos sutis deixam vapores tóxicos que te levam à depressão, ou ao ressentimento, ou à exaltação.

Tem tento e vigia, mantendo-te jovial interiormente e tranquilo, considerando a honra de estares cumprindo um dever que rogaste e que atenderás sob as bênçãos de Deus.

Toda a vida é um processo ininterrupto de ação. Essa ação é luta permanente, produzindo novos biótipos, valores novos, realizações especiais.

Nas esferas orgânicas, é a luta constante da sobrevivência, na qual as espécies mais fracas e abundantes cedem lugar às mais fortes e vorazes.

Luta é, portanto, sinônimo de vida.

A ascensão dos Espíritos resulta da incessante luta contra as paixões primitivas em predomínio, que a razão e a intuição inspiram combater mediante os expressivos recursos do amor, do trabalho, da abnegação e da vivência das virtudes.

À medida que despertes para a autoiluminação, procura identificar-te com o Fluxo Divino das ideias-ações, lutando contra as tendências inferiores e transformando-as em aspirações libertadoras.

A corrente vibratória do Bem estimula o progresso, capacita para a harmonia e posiciona para a glória imortal.

Luta é bênção. Sem ela a vida periclita e degenera.

8
DIANTE DA LUTA

A luta é um desafio abençoado que a *Lei do Progresso* impõe. Há, no entanto, muita luta que se estabelece na Terra.

Há luta pelos valores transitórios, que perdem o seu significado com a morte.

Há luta pela agressividade dos maus em predomínio momentâneo sobre os bons, até que a enfermidade e a velhice vençam os dominadores.

Há luta dos tiranos que esmagam nações e não logram fugir da consciência culpada.

Há luta pelos gozos efêmeros e frustrantes que se transformam em labaredas, assinalando o curso pelas cinzas do já fruído.

Também existe a luta pela renovação dos sentimentos voltados para o bem.

Há luta pela aquisição de valores imperecíveis, que dão sentido à existência física.

Há luta pela superação de paixões primitivas, que pertencem às experiências do passado.

Há luta pelo aformoseamento do caráter, pela iluminação da inteligência e glória das ações no processo da evolução.

Há luta pelo autodescobrimento.

Engalfinham-se, as criaturas que aspiram ao Bem – infelizmente, nem todas canalizam para o dever as aspirações que lhe vigem no coração – na luta gerada pelos maus, afadigando-se até a exaustão.

A luta, porém, também leva à desordem aquele que se lhe entrega entre tormentos não equacionados e conflitos não resolvidos. É imprescindível distinguir o tipo de luta a que se deve aplicar o indivíduo.

Desse modo, luta e recolhe as moedas da satisfação sem revoltas nem angústias, no bem que fazes, pelo dever de executá-lo, desfrutando do prazer de realizá-lo.

Luta, mediante o teu dever de crescer na direção de Deus, antegozando o momento plenificador da tua libertação da carcaça em que transitas, cansado e sofrido.

Não faças da tua luta o instrumento de flagício contra ti, nem te utilizes dele contra ninguém. Se lutas, é porque descobriste que a finalidade da existência corporal é esse esforço iluminativo.

Amealha, então, as moedas da paz, não pretendendo ir além dos teus limites, nem executando programações que te escapem. Nessa luta, nem indiferença, nem confronto perturbador.

É necessário lutar em paz, alegremente, sabendo que os bons Espíritos estarão lutando ao teu lado em nome do Lutador Incessante, Jesus, que até hoje não descansa nem desanima, embora permanecendo conosco.

Desperte e seja feliz

Luta, pois, com entusiasmo, renovando as tuas energias, antes que as exaurindo, para que, longos, profícuos e abençoados sejam os teus dias na face da Terra, quando terminar a tua oportunidade de serviço e de luta.

Arrepender-se é abrir-se para o Bem.

Quando descubras que erraste, de imediato recomeça a ação reparadora.

Além das palavras que pedem desculpas e perdão, a atitude de recomposição dos danos, reparando o mal praticado de forma que permaneçam os resultados felizes, é o passo a seguir.

Aquele que não se arrepende permanece no letargo do primarismo com a consciência adormecida, vivendo o período do pensamento instintivo. Nele predominam os atavismos da fase inicial de que ainda não se libertou, ou que prefere não superar.

Conhecendo a realidade, cultiva a coragem de identificar o erro, de te arrependeres dele e, ato contínuo, repará-lo.

Com a mente elevada às Fontes Sublimes da Vida, fruirás emoções e pensamentos ideais, que te auxiliarão a não errar. Mas se tal acontecer, eles ajudarão a te arrependeres e te recompores, reparando qualquer mal que hajas infringido, liberando-te assim da culpa.

9
Arrependimento e reparação

O arrependimento sincero constitui elevada conquista do sentimento humano.

Amadurecimento da razão e da emoção, ele surge após a análise do erro, com a consequente descoberta da falha pessoal no julgamento, na atitude e na conduta em relação a outrem.

O indivíduo, certamente, tem o direito de errar, condição normal da sua humanidade. Prosseguir, porém, no comportamento insano ou danoso significa primitivismo, permanência no estágio do instinto. À medida que o discernimento propele o ser à visão correta sobre a vida, o arrependimento aparece como forma de conscientização e de responsabilidade.

O arrependimento, no entanto, não irrompe abruptamente nos sentimentos de quem delínque. Quando isso sucede, pode caracterizar-se como remorso, que logo passa, ou medo das consequências do gesto pernicioso.

A imprevidência, a imaturidade, a rebeldia conduzem ao crime pela falta de reflexão, pelos efeitos do orgulho ferido, produzindo estados mentais de desequilíbrio e aturdimento.

Somente quando a consciência desperta, e sopesa os danos causados, é que o arrependimento honesto toma corpo e domina, buscando meios para a reparação dos males que foram praticados.

Por si mesmo, embora seja um passo significativo na elevação do caráter, o arrependimento não basta. Faz-se inadiável o dever de ressarcir os prejuízos, de reparar os males praticados.

Se o ofendido, por esta ou aquela circunstância, não conceder ensejo para a reparação, isso não deve constituir impedimento para as ações nobres, que devem tomar curso, se não em referência à vitima, pelo menos em favor das demais pessoas, fortalecendo-as no bem, edificando-as, ajudando-as a crescer.

Simão Pedro negou conhecer Jesus, é verdade. Porém, arrependendo-se, entregou-lhe toda a existência a partir daquele momento, tornando-se um pilar de segurança para o erguimento da igreja da revelação espiritual.

Maria de Madalena vivia na luxúria e na licenciosidade, cercada de loucuras e paixões. Conhecendo o Mestre, arrependeu-se, renovando-se, e reparou, tomada pela lepra, os males que fizera a si mesma.

Zaqueu, o cobrador de impostos, escorchava as suas vítimas com taxas altas. Arrependendo-se, após o contato com o Senhor, recuperou-se, tornando-se exemplo de abnegação e de bondade.

Judas Iscariotes, após trair o Amigo, arrependeu-se e, sem estrutura moral, enlouqueceu, arrojando-se ao suicídio infame...

Muitos homens e mulheres que se celebrizaram erraram, padeceram os espículos do arrependimento, mas se ergueram, repararam os prejuízos causados e dignificaram a Humanidade.

Há corações, cujos enganos são tão graves, que ao descobrirem a terrível insensatez em que vivem, arrependem-se. No entanto, destituídos de equilíbrio emocional, mergulham no sentimento exacerbado e perturbam-se mentalmente, por fragilidade espiritual.

Somente através da meditação diária dos atos praticados é que o indivíduo se pode precatar das ações infelizes e, quando alguma ocorrer, de imediato dando-se conta e arrependendo-se, logo se põe a repará-la, impedindo que as labaredas do ódio devorem as possibilidades de rearmonização interior.

Cuida-te de tomar atitudes violentas, irrefletidas, impondo-te as disciplinas da vigilância e do amor, para assim te poupares ao arrependimento doloroso.

Renova-te no Bem a cada momento, de forma que a tentação da agressividade e os vícios morais comprometedores sejam enfrentados e vencidos, propiciando-te uma vida harmônica, uma caminhada saudável. Todavia, se caíres, examina a gravidade do erro, arrepende-te e repara-o junto àquele a quem magoaste ou esqueceste de amar.

O arrependimento é luz na consciência. A reparação é a consciência do dever em ação.

A fé natural é fenômeno pertinente ao ser que pensa. Manifesta-se, mesmo de forma inconsciente, nas mais variadas situações e circunstâncias existenciais da criatura.

Deixar-se conduzir sem preocupação, em todos os instantes, é demonstração tácita de fé na vida, nas pessoas, em todas as coisas...

Todavia, quando se torna necessário racionalizá-la, transformando-a em equipamento consciente para o comportamento, quase sempre assomam dúvidas e conflitos que tentam perturbá-la.

O homem e a mulher necessitam da fé, sob o influxo da razão, para conseguirem a harmonia íntima, para avançarem com segurança, para promoverem o progresso próprio assim como o da Humanidade.

Em face de tal imperativo, é-lhes imposto o dever de pensar, de estudar, de reflexionar, conseguindo resistências morais para enfrentarem os momentos difíceis – enfermidades, solidão, desemprego, inquietações, infortúnios –, com o espírito tranquilo.

A criatura que avança na Terra sem fé é como embarcação sem bússola, flutuando a esmo...

10
FÉ E VIDA

Ela é a estrela polar em noite escura, apontando o rumo para a vitória.
Força e vitalidade constituem a segurança de qualquer empreendimento.

Equilíbrio na vida estabelece as linhas do comportamento ético, a conduzir o homem aos objetivos superiores anelados.

Razão fundamental para o triunfo, mais se agiganta, tanto quanto mais exercitada.

A fé é a alma da vida, sem a qual esta última perderia o significado evolutivo.

A fé é membro importante do contexto humano, cujo contributo fortalece as nobres conquistas da sociedade.

Fé e vida são, portanto, partes integrantes da equação do progresso.

Ignaz Semmelweis, estigmatizado pela intolerância da tradição e a soberba da ignorância, porque sustentava o seu ideal de serviço na fé, permaneceu na busca da solução para o problema da infecção puerperal e tornou-se o *pai da assepsia*.

Edison, firmado na fé de produzir, jamais se permitiu o luxo do repouso, logrando brindar o mundo com aproximadamente mil inventos de extraordinária utilidade.

Colombo, apoiado na fé que as reminiscências do passado lhe mantinham vivas na mente, peregrinou por várias cortes europeias, buscando ajuda para a sua empresa e, graças a isso, descobriu a América.

Allan Kardec, alicerçado na fé raciocinada, inquiriu os imortais com persistência e brindou a Humanidade com a Revelação Espírita.

Em todos aqueles que edificaram as abençoadas colunas do progresso ético, social e cultural da Terra, a presença da fé é o estímulo e segurança que os não deixou desistir dos cometimentos que perseguiam.

Não permitas que a tua fé no futuro desfaleça, apenas porque as circunstâncias aziagas deste momento pareçam ameaçar os teus ideais de enobrecimento.

Fortalece a tua fé com o combustível da razão, a fim de que a sombra da dúvida não te entorpeça os sentimentos.

Persevera em atitude de fé, mesmo quando o desfalecimento te ameace as forças.

O homem que avança sem fé deixa-se enlear pelo cipoal do desequilíbrio, envenenando-se com o bafio do desencanto e sucumbindo de imediato.

Jesus, a fim de levar até o fim os objetivos abraçados, viveu a fé em Deus e no futuro feliz, sem nunca tergiversar, permanecendo fiel, sem cansaço, em todos os momentos.

Desperte e seja feliz

A fé é a alma da caridade, que a não prescinde.

Essência de todas as virtudes, a fé é a vida a manifestar-se nas mais diversas situações, oferecendo braços e força para todos aqueles que buscam os horizontes infinitos da Imortalidade.

A família universal reúne todos os seres em um só grupo, que se inicia no clã doméstico. Nele se desenvolve a vida social, facultando o crescimento intelectual e moral, que leva à conquista da sabedoria.

Ninguém se deve afastar do convívio com o seu próximo. Ele é a oportunidade para se testar a tolerância e o amor, a gentileza e a fraternidade.

O homem nasceu para conviver com a Natureza e todos os seres que nela vivem.

Impregnado pelo Psiquismo Divino, tende a participar de todos os movimentos sociais, optando pela edificação de um grupo saudável e harmônico, no qual desenvolve os valiosos recursos que lhe jazem latentes.

Envolto por seres espirituais de quem nem sempre te dás conta, eleva-te na tarefa da fraternidade, ascendendo às Esferas Superiores.

Para que alcances as cumeadas do progresso, dependes do teu irmão na marcha evolutiva.

Ajuda-o, se ele está em situação penosa. Pede-lhe auxílio, se te encontras em carência.

Nunca te esqueças que todos somos irmãos, e Deus é o Pai Único.

Assim, respeita e participa da vida social edificante, nunca te isolando...

11
VIDA SOCIAL

Entre as conquistas preciosas do processo de evolução do ser, que abandona o primarismo e alcança os patamares da razão, destacam-se a vida social, o relacionamento com as demais criaturas, que o capacitam ao desenvolvimento das aptidões que lhe estão adormecidas.

Enquanto o indivíduo se insula ou evita o convívio com as demais pessoas, permanece sob o açodar das paixões primevas, nas quais predomina o egoísmo, responsável por inúmeros distúrbios do comportamento psicológico.

No relacionamento social, mesmo nas faixas da agressividade, o imperativo de crescimento espiritual faz-se inevitável, por propiciar o esforço de libertação pessoal junto à necessidade de desenvolver a tolerância, a compreensão e a bondade, colocadas à prova no intercâmbio das ideias e na convivência interpessoal.

A solidão propicia a visão desfocada da realidade, ao tempo que embrutece, alienando o homem que perde o contato com os valores sociais, nos quais se expressam as leis do progresso moral.

A convivência social trabalha os sentimentos humanos, estimulando as aptidões para a Arte, a Cultura, a ação tecnológica, a Ciência e a Religião.

À medida que o ser se autodescobre, mais percebe a necessidade dos relacionamentos sociais, seja para buscar e intercambiar experiências, seja para contribuir em favor do desenvolvimento do grupo no qual se encontra.

Mesmo entre os animais, o instinto gregário funciona, levando-os ao grupo. Graças a essa união, os mais fortes defendem, protegem os mais fracos, perpetuando as espécies.

A união no conjunto social se converte em campo especial de educação, em razão da força que o mesmo exerce sobre o indivíduo, passando a criar-lhe hábitos, comportamentos e atitudes.

Quando mais elevado, o ser se utiliza do meio social para nele imprimir as conquistas que o caracterizam, impulsionando os seus membros ao progresso e à plenificação.

Nessa fase, pode afastar-se da sociedade tradicional, para amparar e atender necessidades, aflições e desequilíbrios naqueles nos quais a dor se aloja, sendo rejeitados ou isolados por medidas providenciais que objetivam defender os sadios. Entre esses, incluem-se os doentes das enfermidades degenerativas, físicas e mentais, os presidiários, os que se demoram nos patamares do primitivismo cultural e moral.

Verdadeiros missionários do amor e da caridade transferem-se da sociedade acomodada, da civilização, para serem educadores, companheiros da sua solidão, médicos, enfermeiros e benfeitores que se constituem instrumentos do Bem, contribuindo para a felicidade de quantos tombaram na desdita ou se encontram nas experiências iniciais do progresso humano. Ali organizam a sua vida social, tornando-se plenos, edificadores da verdadeira fraternidade, que é o primeiro passo para a vivência em uma sociedade justa, portanto, feliz.

Jesus, na Sua condição de Espírito Excelso, jamais se insulou evitando a vida social.

Conforme a circunstância e a ocasião, manteve o relacionamento social com aqueles que se Lhe acercaram ou a quem buscava, desvelando a grandiosa missão do ser inteligente na Terra, emulando ao estado de pureza, de elevação e demonstrando a brevidade do corpo físico, a transitoriedade do mundo orgânico diante da vida espiritual, perene, de onde se vem e para a qual se retorna.

A vida social, portanto, está ínsita no processo de evolução das criaturas, encarnadas ou não, já que ninguém consegue a realização espiritual seguindo a sós.

Inegavelmente, as dores se avolumam na Terra, amea-çadoras.

As guerras não silenciam os seus canhões, nem diminuem a crueldade das suas batalhas.

Repetem-se os genocídios, que pareciam extintos, e os dramas individuais, como coletivos, aparvalham mesmo as pessoas que se consideram frias e indiferentes.

Sucede que o sofrimento a todos alcança sem exceção, con-vidando ao burilamento e à vitória sobre as imperfeições morais.

Tudo isso, porém, foi amorosamente anunciado por Je-sus, que não ignorava o primitivismo da criatura humana, nela predominando por largo período...

Agora cumpre, ao se confirmarem as Suas profecias, seja encetada uma revisão de conceitos morais e de comportamen-tos, que modifiquem as estruturas carcomidas do passado e re-construam o indivíduo e a sociedade.

Nesse cometimento, o esforço pessoal é indispensável, au-xiliado pelo combustível da oração, que eleva o ser e vincula-o a Deus, de Quem procede todo Bem.

12
Advertência de amor

Fala-nos, o Evangelho do Senhor, que nos futuros dias, por Ele previstos, a dor ganharia dimensões inimagináveis, arrastando multidões ao abismo, ao desespero, fazendo que o delírio e o desequilíbrio aturdissem a Humanidade.

Na simbologia profética, Ele caracterizou as horas terríveis, vestindo-as de alegorias.

Vivemos hoje esses dias prometidos, sem nenhum retoque nem disfarce.

Anunciam-se as horas graves da transformação dos homens, da mudança vibratória do Planeta.

Ninguém se engane ou engane a outrem.

Clareados pela razão da fé espírita, tenhamos a lucidez do discernimento, a perseverança da convicção e a coragem de porfiar fiéis até o fim.

O martirológio prossegue atual; o circo aumentou as suas dimensões; o suplício variou de forma, porém os testemunhos à verdade, ao progresso, são os mesmos.

Cultiva a paciência, mantendo, alto e nobre, o ideal da fé espírita.

Não reajas pelo hábito de reagires. Age pela consciência do equilíbrio.

Não podes ser confundido com aqueles que perderam a fé, que desconhecem o *Reino de Deus* e se utilizam dos mesmos mecanismos vis para a sobrevivência inglória no corpo e os triunfos mentirosos da ilusão.

A consciência de fé proporciona a harmonia da paz, e nela a felicidade real.

Convidado ao debate injusto, ao duelo nas disputas inglórias do corpo, renuncia à presunção e sê *simples como as aves dos céus, os lírios do campo*, confiante em Deus.

Nenhum tesouro que se equipare ao bem-estar da consciência reta e pacificada, em harmonia com os Decretos Divinos.

Amando o bem no lar, nos grupos sociais, de trabalho e religioso, e na comunidade, o cristão é uma *carta viva* de Jesus. Nela deve estar presente o Código que foi apresentado na montanha, como diretriz de equilíbrio para os outros, a exteriorizar-se de si próprio.

Não te permitas contaminar pelo bafio pestilento da loucura que a todos atinge.

Vitimado, banha-te na água lustral do Evangelho; retempera o ânimo; recompõe a atividade; volta à paz.

Vale o esforço a fim de que não fiques na retaguarda, com os elos escravizantes retendo-te na imposição, para um retorno amargurado.

Desperte e seja feliz

Avançar é a meta; seguir sempre é a diretriz.

Não faltarão provocações e tentações, porque estes são dias de loucura. Não te deixes enlouquecer.

São horas de agressividade. Não te permitas enfurecer.

São momentos de tragédia. Não queiras sucumbir nas mãos dos maus, por motivos que não se justificam.

Sucumbir, somente pela glória do serviço a Deus, do irrestrito dever da caridade na vivência suprema do amor.

Ora mais, mais um pouco.

Vigia mais, advertido quanto ao rolo compressor que avança inexorável, esmagando os distraídos.

Os tempos, por fim, chegaram, mas te recorda, Jesus está conosco.

A ação do Bem é sempre discreta e contínua, com metas bem definidas.

Não se deixa entorpecer, quando não compreendida, nem estaciona diante dos obstáculos.

Porque não almeja promoções pessoais nem apoia individualismos, sempre se renova sem fugir às bases, perseverando tempo afora.

Quando os ressentimentos aparecem, de imediato são diluídos no próprio trabalho, não havendo lugar para que se atirem espículos venenosos, umas contra as outras pessoas.

Jesus é o exemplo máximo que deve servir de Modelo, porquanto, mesmo ultrajado, perseguido sistematicamente, perseverou até o fim.

Se te vinculas a Ele, perceberás o Seu ânimo invadir-te o organismo, e nada poderá impedir-te de seguir adiante.

Não te preocupes em criar novidades que promovem o ego, mas sustentarás o belo, o bom e o nobre onde estejam.

Vitalizado por essa Energia, terás resistência para vencer as tentações da inferioridade moral, tornando-te um pouso de esperança para os desalentados e um estímulo para que se ergam os caídos, experimentando grande felicidade em tudo quanto faças, onde quer que te encontres.

13
EDIFICAÇÕES DURADOURAS

Criar, freneticamente, atividades novas delegando o trabalho a outrem, por mais saudáveis que sejam as intenções, é passatempo a soldo do desequilíbrio.

Toda edificação exige planejamento e reflexão, esforço e trabalho estoico, especialmente nas obras do Bem.

Os começos são auspiciosos e rutilantes, assinalados pelo entusiasmo como pela emoção exacerbada. No entanto, preservar e manter a ação nos dias sombrios e de monotonia constitui desafio, que nem todos têm coragem moral de enfrentar com a necessária altivez.

Como consequência imediata, as pessoas transitam de uma a outra experiência, de um a outro compromisso, abandonando-os todos sob a alegação de desentendimento.

Ressumam, então, os melindres injustificáveis, os ressentimentos. E os desertores, porque incapazes de perseverar nos deveres, passam por vítimas indefesas, atacando e mal falando do que antes lhes constituía emulação e arrebatamento.

Não são sensatos aqueles que abrem novas portas, cerrando os antigos acessos, edificam ou pretendem executar programas novos, em detrimento de outros que se encerram.

O homem de bem é perseverante e sempre disposto ao labor encetado. Mantém-se discreto e silencia as suas ações benéficas, evitando alardear os feitos e os não executados. Fomenta a esperança e não transfere cargas para o seu próximo. Atua, e o seu exemplo sensibiliza outros, que passam a ajudá-lo. Não abandona o campo onde semeia, a pretexto algum.

Leva adiante a tua tarefa, por mais singela se te apresente.
Não a valorizes pelo volume que aparenta, porém pelos benefícios que propicia.
Enquanto outros se transferem de lugar por nonadas, permanece tu.
Não deixes ruir a tua construção e empenha-te para concluí-la.
Não faltam os companheiros entusiastas hoje, que amanhã se convertem em problemas, longe ou perto de ti.
Sê o mesmo sempre, no triunfo ou no insucesso, porfiando no bom combate.

Considerando esta questão, Jesus referiu-se, em bela e oportuna parábola, conforme narra Lucas, no capítulo quatorze, versículo trinta: – *(...) Este homem começou a edificar e não pôde acabar* (a obra).

Chegar ao fim de uma empresa constitui um grave compromisso, apenas conseguido por aqueles que são honestos e conscientes no ideal a que se afervoram.

Os que deixam interrompida a edificação podem ser excelentes pessoas, todavia, os seus reais interesses estão em outras motivações que disfarçam com a solidariedade.

Desperte e seja feliz

Não te aflijas por eles ou com eles, antes, segue o teu caminho e realiza a tua edificação saudável, confiando em Jesus que nunca nos abandona.

A conquista do ideal será lograda quando o Ser interior, ditoso, comande os equipamentos que lhe estão à disposição, refletindo-se no indivíduo com um comportamento gentil, sem afetação, e nobre, sem presunção.

A mente que capta o Psiquismo Superior e canaliza-o através do cérebro, vitalizando o organismo, facilmente experimenta bem-estar, desfrutando de saúde plena.

Quando isso não ocorre, consome-se nas emanações absorvidas dos tóxicos que predominam na psicosfera ambiental, passando a assumir uma conduta pessimista-derrotista, naufragando em perturbações que podem ser evitadas.

O Universo está mergulhado no Pensamento Cósmico, do qual se originou e de que se nutre.

És parte essencial dele. E se quiseres manter-te em harmonia, deixa que as Suas irradiações te invadam, posicionando tua mente para preservar o equilíbrio da organização de que te utilizas, no processo atual da tua evolução.

14
COMPORTAMENTO

Exterioriza-se o mundo mental – suas aspirações, conflitos, necessidades – no comportamento do indivíduo, definindo-lhe a estrutura moral e o nível de discernimento da consciência.

Quando ele estagia nas faixas mais primárias da evolução, suas paixões se apresentam brutais, imediatistas, desenvolvendo reações agressivas, manifestações egoísticas e perturbadoras para o grupo social no qual se encontra situado.

À medida que a educação e a experiência – sofrimentos inesperados, lutas para a aquisição do equilíbrio, constatação da própria fragilidade – trabalham-no, altera-se-lhe o programa de anelos, adaptando-se melhor ao segmento da sociedade em que se movimenta, desenvolvendo as aptidões latentes que o impelem para os ideais de beleza, de crescimento íntimo, de autorrealização.

No comportamento se manifestam a sua realidade intelecto-moral e o seu correspondente nível de saúde, física e mental.

Ninguém consegue identificar-se com a autoiluminação não estando disposto ao esforço por educar-se, comportando-se com equilíbrio diante das circunstâncias que defronta no processo social, assim como nos fenômenos e ocorrências pessoais.

Na complexidade de tais realizações, a interação mente-corpo, Espírito-matéria é inalienável.

O corpo reflete os componentes mentais, somatizando os conflitos que lhe perturbam a harmonia, quando as construções psíquicas se irradiam carregadas de pessimismo, de vibrações inferiores e tóxicas...

Os tecidos celulares reagem conforme as ondas mentais que os visitam, agredindo-os ou conciliando-os.

Desse modo, as ideias superiores sustentadas pela mente produzem correspondentes efeitos no corpo, estimulando as células à manutenção da ordem, vitalizando-as para o processo da mitose saudável.

Além de departamento muito complexo da organização física e psíquica, o cérebro é uma valiosa *glândula* que secreta substâncias essenciais à manutenção dos equipamentos que constituem o corpo, mantendo-o ou desorganizando-o.

Graças às *endorfinas* que produz, muitas dores são atenuadas, propiciando a manutenção do nível de bem-estar no indivíduo.

Diversas enzimas outras são produzidas, desenvolvidas e distribuídas pelos numerosos equipamentos orgânicos, cooperando para a sua conservação e renovação, ou desconserto e inarmonia.

As pessoas irascíveis, realistas-fatalistas, que conduzem azedume e pessimismo, assinaladas pelas constantes mudanças de humor, produzem as enzimas perniciosas, que irão abrir campo para a invasão orgânica dos elementos microbianos destrutivos.

Desperte e seja feliz

Ao inverso, aquelas que elaboram pensamentos otimistas, confiantes, alegres, solidários, estimulam o sistema psiconeuroimunológico, tornando-se resistentes às baciloses degenerativas. E mesmo quando são vitimadas por enfermidades dessa procedência, recompõem as defesas orgânicas e restauram a saúde.

O comportamento depressivo, como o ansioso, responde por muitos outros distúrbios de consequências lamentáveis para o ser humano.

O Espírito conduz o corpo através de vibrações delicadas que sustentam as células, mantendo-as em ritmo harmônico, ou desgastante, conforme as ondas mentais que irradia.

Para que o comportamento alcance o ponto ideal, que faculta resultados felizes, é indispensável o cultivo dos pensamentos edificantes, propiciadores da disciplina interior, através da qual se exteriorizam em hábitos equilibrados, fomentadores de saúde, de alegria de viver.

Nesse sentido, as insubstituíveis lições de Jesus Cristo constituem diretrizes de segurança, que devem ser insculpidas na mente, deixando-as irradiar-se em sucessivas ondas de amor, que vitalizam o homem e a mulher, espraiando-se em direção do seu próximo, em forma de *transação* psicológica de alto nível, tornando-se o comportamento ideal que os promoverá à condição de pessoas realmente felizes.

O comportamento, dessa forma, define a pessoa que, vigilante e lúcida, deve trabalhar-se sem cessar, até alcançar a realização interior, em perfeita identificação com as demais criaturas.

A ilusão em torno da realidade *da matéria responde pelo afã tormentoso de se conquistar o mundo.*

Causam impacto as pessoas felizes, que desfilam nos carros do triunfo sob aplauso volumoso; despertam inveja a juventude louçã, a beleza física, os jogos do prazer imediato; produzem emoções fortes as conquistas dos lugares de relevo e projeção na política, na sociedade, nos negócios; inspiram mágoas aqueles que parecem distantes no poder, na glória, no êxito terrestre...

Todos passam, porém, pelo rio do tempo e transformam--se. Risos se convertem em lágrimas, primazias cedem lugar ao abandono; bajulações são substituídas pelo desprezo; beleza e juventude são alteradas pelos sinais da dor, do desgaste e do envelhecimento.

Tudo se modifica no mundo. Menos os tesouros da harmonia íntima, da fé iluminada pela razão, da certeza da imortalidade, da verdadeira comunhão com Deus, que se conservam inalterados no Espírito.

Desse modo, somente quando o ser se encontra com a própria consciência, e age com equilíbrio, é que consegue a vitória real.

15
SUCESSO E "SUCESSO"

No dicionário do pensamento cristão, sucesso é vitória sobre si mesmo e sobre as paixões primitivas. O mundo convencionou que sucesso, porém, é triunfo nos negócios, nas profissões, nas posições sociais, com destaque da personalidade, aplausos e honrarias, todos eles de efêmera duração.

No primeiro caso, ninguém toma conhecimento, embora transpareçam, no convívio com a pessoa, as alterações emocionais e comportamentais, proporcionadas pela paz, sensibilidade afetiva, docilidade no trato.

No segundo, a exaltação e a glória chamam a atenção, despertam a inveja, a cobiça, provocam comentários, urdem competições.

O indivíduo que experimenta o sucesso interno torna-se gentil, quão afável, irradiando bondade, e conquista, em profundidade sem excentricidades, aqueles que se lhe acercam.

Quando, no entanto, é externo esse triunfo, torna-se ruidoso, impondo preocupação para manter o *status*, chamar a atenção, atrair os refletores da fama.

A plenitude domina aquele que se domou e trabalha pelo crescimento íntimo, sem pressa nem perturbação.

Já aqueloutro, que desfruta da projeção exterior, sofre solidão, vazio, frustrações e tédio. O convencional *indivíduo de sucesso* não é, necessariamente, uma pessoa feliz. Persegue-se, no entanto, na Terra, esse sucesso convencional, com sofreguidão perturbadora, com objetivos imediatistas e sobrecargas de emoções em desgastes. Para conquistá-lo e mantê-lo surgem desgostos mórbidos; guerras surdas e declaradas são acionadas, ódios cruentos se propõem pelo caminho do apogeu e, quando se alcança o topo, receios injustificáveis, artifícios complexos, mecanismos de exaltação e de escândalos são recrutados para a preservação do lugar conquistado.

O sucesso sobre si mesmo acentua a harmonia e aumenta a alegria do ser, que se candidata a contribuir em favor do grupo social mais equilibrado e feliz, levando o indivíduo a doar-se ao mister.

O sucesso de Júlio César, conquistador do mundo, entrando em Roma em carro dourado e sob aplausos da multidão, não o isentou do punhal de Brutus nas escadarias do Senado.

O sucesso de Nero, suas conquistas e vilanias não o impediram da morte infamante a que se entregou desesperado.

O sucesso de Hitler, em batalhas cruéis nos campos da Europa e da África, não alterou a sua covardia moral, que o conduziu ao suicídio vergonhoso.

O *sucesso*, porém, de Gandhi fê-lo enfrentar a morte proferindo o nome de Deus.

O *sucesso* de Pasteur auxiliou-o a aceitar a tuberculose com serenidade.

O *sucesso* dos mártires e dos santos, dos cientistas e pensadores, dos artistas e cidadãos, que amaram, ofereceu-lhes resistência para suportar as afrontas e crueldades com espírito de abnegação, de coragem e de fé.

Todos aqueles que transitam na forma física, no educandário terrestre, de breve duração, deixam um dia o carro material, levando, entretanto, nos depósitos da alma, os tesouros logrados com os seus sucessos...

Avalia, de tua parte, qual o sucesso mais valioso, aquele que realmente merece a tua entrega total.

Sem que te alienes do mundo, ou abandones a luta do convívio social, busca o sucesso – a vida correta, os valores de manutenção do lar e da família, o brilho da inteligência, da arte e do amor – descobrindo que, nesse afã, terás tempo e motivo para o outro *sucesso*, o de natureza interior.

Quem visse o sucesso de Pilatos, de Anás e de Caifás na Política e na Religião, encarcerando Jesus traído por um amigo e crucificado entre bandidos comuns, certamente não os lamentaria, constatando depois que, aparentemente vencido, foi o Mestre o conquistador do real *sucesso*, permanecendo até hoje como símbolo e modelo de vitória sobre si mesmo, chamando-nos para imitá-lO.

Toda queixa é dispensável na economia do equilíbrio psicossocial. Quem se queixa, inferioriza-se ou espera compaixão.

O ser humano foi criado para amar e ser amado, nunca para reclamar, exigir, perder-se na autocomiseração.

Sorte e destino são elementos pessoais, que cada qual está a gerar ou a alterar a cada momento conforme a onda mental cultivada.

Herdeiro dos seus pensamentos e atos, são eles os responsáveis pelo que ocorre, alterando-se através do posicionamento íntimo que se lhes aplique.

Para uma colheita de bênçãos é sempre necessária uma árdua semeadura, às vezes entre espinhos, do que resultam sazonados frutos.

Assim também sucede com a conquista da tua paz. Ela exige refregas iniciais difíceis para poder implantar-se no país do teu coração.

Une-te ao esforço do Amor que tudo preenche, age pacientemente, lutando com afinco, e serás abençoado pela tranquilidade mais tarde.

16
LUTA PELA CONQUISTA DA PAZ

Anelas pela tranquilidade que te faz falta, no torvelinho mental e emocional em que te encontras.

Afligido por problemas e perturbações de vária ordem, perdes-te em reflexões doridas, agasalhando o pessimismo e permanecendo desencorajado na luta.

Planejas integrar-te ao grupo das pessoas realizadoras, confiantes, no entanto, debates-te em conflitos intérminos.

Alegas que a sorte tem-te sido madrasta cruel, reservando-te dissabores que não cessam.

Parece-te que a marcha das outras pessoas é destituída de desafios, e que todas elas avançam felizes, sem atropelos nem dores.

Corrige a óptica de observação e encara os acontecimentos de maneira correta.

De início consideras que tu próprio tens-te recusado à ação edificante, não passando as tuas tentativas de ensaios sem continuidade, de fuga ao dever, em vez de ânsia de conquista.

Tudo que se consegue, resulta de esforço, dedicação, perseverança.

As aquisições morais, muitas vezes, são penosas, impondo sacrifícios contínuos, que trabalham as imperfeições pessoais, liberando o indivíduo das paixões primitivas que lhe constituem impedimentos à ascensão.

Assim, não aguardes facilidade no processo da evolução, que depende de ti, do teu esforço pessoal.

Não poucas vezes tens sido convidado à mudança de atitude mental e comportamental, através de mil mensagens que te têm chegado à razão.

Uma página de luz, uma informação espiritual esclarecedora, uma ação de beneficência libertadora hão constituído recursos de orientação que a Vida te vem oferecendo para conduzir-te à paz.

Raramente tens lhes concedido receptividade e, quando tocado por algum desses convites, tu os substituis pelos conteúdos viciosos da tua aclimatação habitual.

De tal forma deixaste-te engolfar pela queixa, pelo desar, que os espaços mentais se encontram preenchidos pelas ideias contraditórias.

Se anelas realmente pela conquista da paz, ouve o chamado do Senhor propondo-te renovação.

Liberta-te do entulho mental e carpe esse *solo* que tem estado ao abandono, nele semeando as diretrizes do amor e da caridade.

Permite-te penetrar pela luz da fé raciocinada, alicerçando-a no Evangelho de Jesus, cuja palavra é de *vida eterna*.

Enquanto a oportunidade se te faz propícia, torna-te receptivo às propostas do Bem, conquistando-o e dispondo--te a pagar os estipêndios que são exigidos a todos aqueles que o incorporam à sua dieta de crescimento espiritual.

Jesus prossegue semeando até hoje, através dos Espíritos superiores que, encarnados e desencarnados, restauram-Lhe a mensagem desconsiderada, atualizando-a, buscando insculpi-la na sociedade inquieta destes dias.

Deixa-te penetrar por essas lições de vida, antes que sejas visitado pelo *anjo da amargura*, tornando-se-te mais difícil a aceitação dessa presença maceradora.

Conquista a paz, preservando-a, pagando o tributo que te seja exigido pela honra de desfrutá-la.

Os metais que não experimentam a fornalha ardente não podem ser modelados, adquirindo valiosas formas para se tornarem úteis.

As gemas preciosas, que não recebem lapidação, permanecem brutas e sem aplicação.

O barro, para adquirir resistência na modelagem e manter a forma, necessita de cozimento cuidadoso.

O bloco de mármore ou de granito, para revelar a estátua que se lhe encontre no interior, recebe os golpes do martelo e do cinzel com resignação.

Também o Espírito, para desvelar o Anjo que lhe dorme no imo, não prescinde dos instrumentos de lapidação, do calor do sofrimento, das asperezas provacionais.

Porque a Terra é um mundo transitório, também efêmeras são as suas dores e alegrias, que deves trabalhá-las, para se transformarem em júbilos eternos.

Alça-te aos páramos da luz, em pensamentos e aspirações, e os Espíritos sublimes te manterão em processo feliz de libertação.

17
Técnicas de reabilitação

Quando surpreendido pelo sofrimento de qualquer matiz, lembra-te do Divino Educador, corrigindo-te as imperfeições.

Convidado ao leito por enfermidade sorrateira e perturbadora, não te consideres desamparado. Esse é um recurso educativo para ensejar-te reflexões em torno da existência terrestre e da vida como um todo.

Tomado pelo vendaval da incompreensão, não te sintas em desamparo sob o látego da injustiça. Toma a ocorrência como forma de recuperação moral a respeito de delitos que permaneciam aguardando reparação.

Vitimado por calúnias ultrizes e empurrado ao fosso da injúria e da difamação, entre amigos a quem estimas, não te tenhas em conta de desventurado. Estás sendo convocado ao testemunho do silêncio e da confiança em Deus.

Tomado pela angústia da desencarnação de um ser querido, tragicamente arrebatado ou vitimado pelo desgaste biológico que a enfermidade cruel venceu, não te lastimes. A morte é mensagem da vida, contribuindo para a valorização da oportunidade existencial.

Abandonado por companheiros e afetos, que se afastaram do teu círculo quando mais necessitavas deles, não seguirás a sós. O Senhor está convocando-te a labores mais elevados, que te exigem solidão para melhor trabalhares o mundo íntimo.

Açodado por presenças espirituais negativas que te ameaçam, não te permitas autoanálises pessimistas. Trata-se de recurso superior concitando-te à conduta mental e moral correta, a fim de permaneceres em equilíbrio, auxiliando aqueles que ainda se demoram na ignorância.

Nem sempre o êxito e o aplauso, o apoio como a glória terrestres significam conquistas valiosas para o Espírito. Cada uma representa, invariavelmente, um empréstimo Divino, de forma que o aprendiz humano invista esses estímulos no próprio crescimento.

O apóstolo Paulo, reflexionando em torno de tais dificuldades e testemunhos, afirmava, conforme se lê em Hebreus doze, versículo sete: – *É para disciplina que sofreis; Deus vos trata como a filhos; pois qual é o filho a quem o pai não corrija?*

As dores que chegam aos corações, em luta de redenção, não têm caráter punitivo, antes constituem técnicas de educação, de que se utiliza o Pai Amoroso convocando o filho rebelde à edificação interior, à reparação dos próprios erros.

Júbilos, facilidades, conforto, beleza e saúde são concessões espirituais de que os seus possuidores terão que prestar contas, conforme o uso que deles façam.

Convencionou-se que o Amor de Deus deve sempre oferecer o mais agradável à criatura humana, mesmo quando esta não tenha condições de multiplicar os títulos de sabedoria que lhe são concedidos, desperdiçando tempo e oportunidade, que recuperarão com lágrimas e angústias.

Desse modo, as ocorrências consideradas como infortúnios, quando não provocadas pela incúria ou pela insensatez, constituem recurso salvador oferecido a todo aquele que se encontra em débito, para que mais facilmente supere as próprias dificuldades e recupere a paz íntima, avançando para a bem-aventurança que lhe está reservada.

O alimento mantenedor da vida é o amor, sem o qual ela se transforma em fenômeno vegetativo, sem significado psicológico existencial.

O amor, quando verdadeiro, irradia-se como a luz, nunca se maculando com ressentimentos, dissabores, amarguras...

Perdoa naturalmente e, às vezes, nem necessita fazê-lo, porque não se melindra com ofensas, nem agressões.

Serve sem cessar, porque essa é a sua finalidade, construindo o bem, a paz, o progresso em todo lugar.

Graças à sua presença, aquele que o esparze vive em paz de consciência, com alegria, retirando bons proveitos de todas as ocorrências, sem observar-lhes a procedência.

A autorrealização que anelas decorrerá da aplicação de algumas das leis essenciais da Vida: amor, perdão e serviço.

O Amor de Deus te inunda, e o Seu perdão às tuas faltas oferece-te o ensejo da reencarnação, na qual deves servir até o momento final na Terra.

18
AUTORREALIZAÇÃO

O Evangelho é portador da melhor pedagogia, da melhor técnica para a conquista da autorrealização.

Ama – assevera Jesus.

Não há como sofismar tal proposta.

Nenhuma escusa é possível para negá-la.

Circunstância alguma pode ser apresentada para justificar a sua não vivência.

Em momento nenhum se pode nele encontrar a diretriz: seja amado.

Pelo contrário, em todo o seu tecido doutrinário, o imperativo é sempre amar.

Perdoa – propõe a Palavra de forma irretocável.

Não há como fugir do perdão.

Qualquer tentativa de negá-lo resulta em autopunição, porque o ressentimento, o ódio, o desejo de revide se transformam em verdugos implacáveis daquele que os preserva.

Serve – determina, enfático, o Verbo.

Impossível manter-se alguém em paz de consciência, longe do serviço iluminativo, de preservação e desenvolvimento do Bem.

Ociosidade é ferrugem nas engrenagens da vida.

O serviço vitaliza e promove aquele que o executa, particularmente quando é destituído de remuneração, de retribuição, de interesse pessoal e imediatista.

O amor, o perdão e o serviço tornam-se, desse modo, caminhos para a autorrealização.

Pretendem, muitos discípulos do Espiritualismo, encontrar a autorrealização *fugindo* do mundo, negando-o ou detestando-o.

Certamente o processo não atende à meta essencial, que é o encontro com a plenitude, a autoiluminação.

Fugir é ato de desamor.

Negar corresponde a dificultar o entendimento, o perdão às agressões, aos conflitos.

Detestar torna-se escusa para não servir.

Há, portanto, prevalência, em tal conduta, do egoísmo perturbador.

O amor, o perdão e o serviço trabalham o indivíduo, auxiliando-o a aprimorar-se, a realizar-se.

Pedro fugiu do testemunho ao lado de Jesus perseguido, e despertando através do amor, deixou-se sacrificar mais tarde, perfeitamente harmonizado.

Saulo saiu em insana perseguição aos discípulos do Mestre, todavia, deparando-se com Ele no deserto, e perdoado, entregou-se-Lhe em regime de totalidade, mudando, inclusive, de nome, assim superando o *homem velho* e renascendo...

Maria de Magdala, arrependendo-se dos equívocos a que se entregava, revolucionou interiormente a existência, e doou-se ao serviço da Boa-nova com tal devotamento, que o Senhor a elegeu para revê-lO após a morte e anunciar-Lhe a ressurreição.

Amor, perdão e serviço constituem métodos de fácil aplicação no dia a dia da existência corporal, a fim de desenvolver as potencialidades divinas que jazem em todos os seres, levando-os à autorrealização, à plenificação.

Exercita o amor em todos os teus passos.

Pensa com amor e fala amorosamente, predispondo-te a agir de forma amável.

Com o sentimento de amor ampliado, perdoarás com facilidade, por entender que o outro – o opositor, o adversário, o perseguidor – está de mal com ele próprio, enfermo sem o saber, necessitado de socorro...

Perdoando sinceramente aqueles que te geram dificuldades e se te fazem problemas, estarás colaborando com o Bem, assim passando ao estágio de serviço de solidariedade e de ação construtiva, em favor de todos e do mundo terrestre onde te encontras em processo de evolução.

Não te eximas de amar, de perdoar e de servir, se realmente anelas pela autorrealização.

A bonança recompõe a Natureza que a tempestade vergastou, assim como a claridade do dia vence a sombra da noite pavorosa, restabelecendo a confiança e preservando a paz.

A Misericórdia de Deus sempre atua de forma que o mal aparente resulte em bênçãos reais, promovendo o ser, quando ele aprende a retirar lições edificantes das ocorrências que lhe sucedem.

Assim, o olvido ao mal é recurso valioso para a preservação do bem.

Toda ideia que se cultiva termina por fixar-se, produzindo resultados equivalentes ao tipo que lhe seja peculiar.

Esquecer ofensas – perdoando-as, portanto – é fácil de conseguir, bastando reflexionar que a reencarnação é um recurso evolutivo que a Divindade nos faculta, concedendo-nos o esquecimento do passado, a fim de nos perdoarmos no presente, através da reparação de todas as faltas cometidas.

19

ESQUECIMENTO PROVIDENCIAL

Ouve-se, frequentemente, proferida pelas pessoas ultrajadas ou sofridas, a sentença: "Perdoar não me é difícil; no entanto, esquecer é-me quase impossível".

Sem o real esquecimento da ofensa não vige o verdadeiro perdão.

A lembrança da ocorrência malsã demonstra a permanência da mágoa que, oculta ou declarada, anela pelo ressarcimento do mal padecido.

Quando o coração se sente lenido pelo entendimento do fato infeliz; quando a compreensão compassiva luariza a memória do instante perturbador, o esquecimento toma corpo na criatura e o perdão legítimo se lhe estabelece, ensejando a harmonia que proporciona ao ofensor a oportunidade para a reparação.

O olvido dos acontecimentos nefastos significa valiosa conquista do Espírito sobre si mesmo, superando as imposições inferiores do *ego*, e facultando o desenvolvimento das aptidões superiores, que jazem inatas na criatura.

Toda permanência no mal engendra anseios de desforços, aspirações de cobrança...

Dedicar-se ao equilíbrio psicofísico mediante a harmonização interior, eis o grande desafio para o homem inteligente, que aspira por tentames mais grandiosos, tendo os olhos postos no Infinito.

O cultivo das ideias otimistas, positivas, contribui para a superação, para o esquecimento dos desaires, das recordações nefastas.

Mediante treinamento mental e exercício emocional nas atividades do Bem, é factível o olvido das questões negativas, graças às quais, no entanto, o indivíduo amadurece (emocionalmente), adquire experiência, evolui no processo de conscientização superior.

É providencial o esquecimento do passado, das reencarnações anteriores. Graças a ele, as dificuldades que ressumam do inconsciente profundo, em forma de animosidade e antipatia, de ressentimento e insegurança, tornam-se mais fáceis de ser vencidas, administradas na leitura da renovação interior. Tivéssemos conhecimento lúcido das razões que as desencadearam no pretérito; soubéssemos com clareza das ocorrências que as geraram; recordássemos dos momentos em que sucederam e das circunstâncias em que se deram, e se constituiriam verdadeiros impedimentos para a pacificação, para o equilíbrio emocional, para o perdão.

Ademais, a recordação das cenas antes vividas, não ficaria adstrita apenas à personagem central interessada, mas também às outras pessoas que dela participaram, gerando situações amplas e de complexos conflitos.

Ninguém se sentiria em segurança, sabendo que seus equívocos e erros de ontem eram agora recordados por outras pessoas. Tal fenômeno produziria estados humilhantes para alguns ou, quando menos, profundamente desagradáveis para todos que se encontrassem neles incursos.

Assim considerando, vale a pena ter-se em mente que a soma das experiências anteriores, perturbadoras, com as atuais, produziria tão pesada carga emocional, que a harmonia mental se desconcertaria, interferindo no conjunto social, que ficaria gravemente afetado.

O esquecimento, portanto, do passado espiritual é providencial para o ser no seu processo de crescimento.

(...) E não apenas no que diz respeito aos quesitos perturbadores, mas também às ações de enobrecimento, de renúncia, que poderiam surpreender a criatura, levando-a à jactância ou à presunção, ou ao marasmo, por facultar-lhe pensar na desnecessidade de mais esforçar-se para prosseguir na conquista de outros elevados patamares.

A reencarnação é processo de evolução trabalhado pela Misericórdia de Deus, que estabeleceu, no esquecimento, o valioso recurso para mais ampla aprendizagem e treinamento para o perdão real.

Não obstante, à medida que o Espírito progride, torna-se-lhe mais lúcida a percepção, e ele *recorda* ocorrências que podem contribuir para o seu progresso, ou conclui, mediante análise dos fatos atuais que lhe oferecem parâmetros para identificar os do passado.

Assim, o verdadeiro perdão somente é possível quando ocorre o olvido pleno ao mal de que se foi objeto.

Por que a oração é possuidora de recursos indefiníveis, canalizados para aquele que a utiliza?

Exatamente porque vincula a criatura ao Criador, através de ondas vibratórias de alto potencial, concedendo àquele que ora as convenientes respostas aos apelos dirigidos.

A Mente *de Deus cria sem cessar, e a mente humana, por sua vez, é cocriadora, preservando ou torpedeando as células da organização física, tanto quanto delicados equipamentos psíquicos.*

A saúde, desse modo, além de decorrer dos compromissos cármicos em pauta, resulta das ondas mentais elaboradas e mantidas.

Sendo cada célula portadora de uma consciência individual, *ela vibra ao ritmo da consciência do ser, que lhe oferece as energias que lhe dão vida ou que lhe produzem desarmonia.*

Busca vibrar na onda do amor e da confiança irrestrita em Deus, orando e agindo com acerto, e estimularás o teu médico interior a preservar-te a saúde, para bem atenderes os elevados cometimentos da tua atual reencarnação.

20
O MÉDICO INTERNO

Creem, muitos discípulos sinceros do Espiritualismo, que todas as ocorrências desagradáveis da existência terrestre resultam de punições da Divindade, ou de resgates impostos pelos erros do passado, próximo ou anterior.

Certamente, a crença generalizada merece reparos, por não se ajustar totalmente à linguagem dos fatos.

O conceito sobre essa Divindade, punitiva e cruel, encontra-se defasado diante da nova compreensão do amor, que é recurso dinâmico a viger em todo o Universo.

Jamais a Consciência Cósmica se imiscuiria mediante atos de perversidade, aplicados contra as frágeis criaturas humanas, ignorantes da sua realidade e destinação, ainda atravessando as áreas primárias do seu desenvolvimento.

Deus-Amor irradia-se em Energia vitalizadora e reparadora, a tudo e a todos mantendo em equilíbrio, mesmo quando, aparentemente, algumas desconexões e desarranjos parecem perturbá-los.

O processo de evolução dá-se através do desgaste como do aprimoramento, da doença e da saúde, da queda e do soerguimento...

Da mesma forma, há ocorrências que são consequências da invigilância, da irresponsabilidade, do desamor de

Joanna de Ângelis / Divaldo Franco

cada ser. Nem sempre, portanto, as enfermidades podem ser consideradas como processos cármicos em mecanismos de reparação.

O organismo é excelente máquina, constituída por equipamentos delicados, que são comandados pelo Espírito através do cérebro.

Quando o indivíduo tem propensão para o pessimismo, o ressentimento, o desamor, cargas deletérias são elaboradas e atiradas nos mecanismos encarregados de preservar-lhe a organização somática, produzindo-lhe inúmeros males.

Igualmente, as disposições otimistas e afetuosas geram energias refazentes, que recuperam os desarranjos momentâneos dos complexos órgãos que constituem a maquinaria fisiológica.

O corpo humano é laboratório de gigantescas possibilidades, sempre suscetível de autodesarranjar-se ou autorrecompor-se, conforme as vibrações emitidas pela mente.

A mente representa-lhe o centro de controle que envia as mensagens mais diversas para todos os pontos da sua organização.

Uma emoção qualquer produz descarga de adrenalina na corrente sanguínea, ocasionando sensações equivalentes ao tipo do agente desencadeador.

Assim sendo, *encefalinas* e *endorfinas* são secretadas pelo cérebro sob estímulos próprios, gerando imediatos efeitos no aparelho físico. Enzimas outras são produzidas com cargas positivas ou negativas, conforme a *ordem mental*, que contribuem para a manutenção da saúde ou a piora da enfermidade.

Autorreparador, o aparelho circulatório, de imediato à agressão, reúne a fibrina dos vasos, procurando elaborar

Desperte e seja feliz

coágulos-tampões que impedem a hemorragia e preservam a vida. Também ocorre o mesmo em referência às enfermidades – o câncer, a AIDS, as paralisias, as enfermidades cardíacas e outras –, que sob o comando mental correto vitaliza o sistema imunológico, produzindo diversas células com poder quimioterápico, mediante o qual bombardeiam as rebeldes e doentes, destruindo-as, da mesma forma isolando as portadoras de degenerescência e favorecendo as saudáveis, assim restaurando a saúde ou facultando maior sobrevida.

Afinal, o mais importante na área da saúde não é o tempo de vida – o número de anos que se frua –, mas a intensidade, o bem-estar, a alegria e os objetivos vivenciados.

A *morte* é inevitável e constitui bênção em relação à experiência física; no entanto, a forma como cada qual se comporta no corpo é que se torna essencial.

Há, no corpo humano, um *médico* às ordens da mente, que o Espírito encarnado comanda, aguardando a diretriz para agir corretamente.

Desconsiderado, deixa de atuar, superado pelos fatores destrutivos, igualmente ínsitos na organização fisiológica, prontos à desgastante tarefa da doença e da degenerescência celular.

Esse *médico* interior pode e deve ser orientado pelo pensamento seguro, pelas disposições do ânimo equilibrado, pela esperança de vitória, pela irrestrita fé em Deus e na oração, que estimulam todas as células para o desempenho correto da finalidade que lhes diz respeito.

A dor possui uma função específica, extraordinária: auxiliar o progresso da criatura humana.

As admiráveis conquistas da Ciência têm tido por objetivo diminuir-lhe a intensidade ou mesmo suprimi-la.

Enfermidades cruéis têm sido debeladas, distúrbios orgânicos de gravidade vêm recebendo valiosa contribuição para serem reequilibrados, e não cessam os investimentos nas pesquisas para tornarem a existência física mais amena, agradável e enriquecedora.

Não obstante, a inferioridade moral, em predomínio, torna-se responsável pelo surgimento de novas doenças e dos mais perversos distúrbios, nos complexos mecanismos do corpo somático.

Dores há que domam as paixões inferiores, que resgatam dívidas, que reabilitam, que abençoam vidas...

Abastece-te, porém, nas fontes inexauríveis do Bem, e organiza tua vida moral e mental, de forma que os teus atos sejam produtores de harmonia pessoal e de equilíbrio, quando convidado pela dor-reparação ao testemunho de libertação espiritual, ou diante de qualquer expressão de sofrimento que te visite.

21
DOR-REPARAÇÃO

A tua é uma dor pessoal, intransferível, que ninguém pode compartir.

Gostarias que os amigos e familiares tivessem dimensão do que te aflige, da profundidade do teu sofrimento.

Não é possível! Há experiências que necessitam ser vividas, para mais bem dimensionadas.

Cada criatura conduz a sua própria dor e está preocupada com o fardo que a esmaga.

Qual ocorre contigo, os teus amigos e afetos encontram-se igualmente sofridos e, mesmo que não o digam, passam por momentos difíceis.

Supões que o teu é um calvário demasiado e que tudo de aflitivo te acontece.

Assim crês, porque ignoras os testemunhos dos demais.

Quantos enlouquecem de um para outro momento, sem aparente causa que o justifique!

Eles, porém, não suportaram manter o equilíbrio por fragilidade das resistências.

Assim, não te magoes com aqueles que te não são solidários nos teus momentos de angústias. Eles já têm a sua própria quota, que buscam dissimular e esquecer.

Ninguém passa pela Terra sem a presença da agonia, que sempre surge para cada um consoante a necessidade do resgate em que se encontra incurso.

Imposto o compromisso de restauração, os mecanismos das Divinas Leis se apresentam automaticamente.

Mantém-te em paz íntima, na tua dor.

A rebeldia torna-a insuportável; a desesperação fá-la maior do que é; o desânimo conspira contra a sua superação; a mágoa apresenta-a mais rude...

Se a aceitares, porém, como fenômeno natural, logo a vencerás com trunfos de luz.

Não consideres que sofres porque foste o pior dos seres no passado espiritual.

Existe a dor-elevação, a dor-conquista, a dor-resgate.

A tua é resgate, sim, que o teu amor não conseguiu evitar.

Por isso mesmo, ama. Desveste-te das prevenções e do pessimismo, da autocompaixão e da revolta surda, amando mais, e conseguirás com rapidez a harmonia.

No teu processo de resgate, porque amando, mais amenas têm sido as provações, pois que, igualmente recebes ajudas incomuns, que somente poucas pessoas conseguem.

Amigos devotados e zelosos te cercam com carinho; recolhes gentilezas e dádivas inabituais; fruis de bênçãos que a outros constituiriam felicidade...

Num balanço justo, a tua coleta de favores Divinos é muito maior do que o testemunho de lágrimas e dores.

Assim mesmo, aquelas lágrimas que vertes e as dores que carpes poderão ser amenizadas, se mudares de paisagem mental e começares a agradecer a Deus, louvando-O através da oração.

A indumentária carnal, por mais resistente, um dia se rompe e desnuda o Espírito que volve à Realidade imortal.

Se sofreu com resignação e amealhou benefícios retirados do sofrimento, a sua dor-resgate brinda-o com os reencontros felizes e as alegrias a que faz jus.

Se, no entanto, não foi suportada com o aprumo e a elevação necessários, prossegue, porque dívida não paga ressurge com juros que a aumentam.

Repara, desse modo, os erros e iniquidades transatos, produzindo o bem em todos os teus atos, fazendo luz no íntimo, a fim de ficares livre e pleno como Deus planeja para todos nós.

Não há como negar ser o Amor a realidade mais pujante da vida. Irradia-se de Deus e vitaliza o Universo, mantendo as leis que produzem o equilíbrio.

Todos os homens e mulheres que edificaram os ideais da felicidade humana fundamentaram o seu pensamento no amor pleno e incondicional.

Transcendendo definições, o amor é vida exuberante; é a razão básica da manifestação do ser que pensa e que sente.

Jesus sintetizou todo o código da Sua Doutrina no amor: a Deus, ao próximo e a si mesmo.

As modernas ciências da alma *que penetraram na essência profunda das criaturas, fascinadas com as suas descobertas em torno dos conflitos e problemas, recorrem também ao amor, para que ele solucione os enigmas existenciais e erradique os agentes causadores dos distúrbios interiores e externos que aturdem a Humanidade.*

Assim, o amor deve ser causa, meio e fim para o comportamento humano feliz, que desperta com anseios de plenitude.

Amar é o grande desafio.

22
Amorterapia

Por largos tempos enfrentaremos na Terra a problemática do erro e da criminalidade.

O processo de evolução faz-se lento, nas faixas inferiores do desenvolvimento da consciência, acelerando-se, à medida que o ser desperta para a responsabilidade e para o dever.

Por isso mesmo, não obstante as gloriosas conquistas da inteligência, o sentimento humano parece experimentar hipertrofia, detendo-se no charco das paixões primitivas.

Com as ambições de liberdade que lhe pairam no cérebro, a criatura tem dificuldade de romper as algemas, que preservam a limitação dos movimentos compatíveis para os voos grandiosos.

Em tais circunstâncias defrontam-se a virtude e o vício, a paz e o conflito, o equilíbrio e a violência, em razão da disparidade dos Espíritos que enxameiam no *planeta de provas*.

Os bons e os maus caminham juntos na condição de aprendizes na mesma classe, caracterizados pelos valores pessoais que os identificam.

É natural que tal ocorra, porquanto aqueles que já lograram os resultados positivos têm por dever amparar, esclarecer e educar aqueloutros que estagiam nas linhas primárias do mecanismo de iluminação.

Não raro, diante da crueldade, os sentimentos se exaltam, e reações de violência se apresentam imprecando pela extinção do agente da maldade.

Os atos vis e hediondos acendem ódios devoradores, que se arregimentam para o aniquilamento daquele que os pratica.

A violência impiedosa provoca ondas semelhantes, que se lhe contrapõem, buscando destruir quem a desencadeia.

A traição libera emoções de ressentimento profundo, trabalhando pela punição do delinquente.

Há crimes que geram repulsa e ira, conspirando contra todos os indivíduos e levando-os a tomar atitudes de rudes vinganças destruidoras.

A tirania provoca horror e faculta o desenvolver de comportamentos ferozes contra o ditador.

É necessária muita vigilância, para não permitir que os tóxicos do Mal envenenem as pessoas que mourejam e acreditam no Bem.

Porque as experiências edificantes ainda são iniciais nos implementos da alma, que desabrocha para a Verdade, pode ocorrer que as velhas fixações das multifárias ações primitivas se sobreponham, tentando predomínio.

Diante dos acontecimentos da perversidade e da alucinação sanguinária, os atavismos que remanescem no ser são estimulados a retomarem os equipamentos emocionais e, bloqueando a razão, irrompem em catadupas, revidando, destruindo, vingando-se...

Somente o amor, como medida terapêutica, possui a solução para as agressões do Mal que teima em alastrar-se por toda parte, levando de roldão aqueles que se permitem carregar.

Certamente, não se pode ser conivente com o erro, concordar com o crime, ignorar a virulência do ódio, o fogaréu da violência... Entretanto, jamais se extinguirá o delito, eliminando-se o delinquente; encaminhar a vida para o bem, destruindo-se aquele que conspira contra a ordem, o equilíbrio, o dever. Não se apagam incêndios, usando-se combustíveis.

Amorterapia – eis a proposta de Jesus.

A ignorância deve ser combatida e o ignorante educado.

O crime necessita de ser eliminado, mas o criminoso merece ser reeducado.

As calamidades de quaisquer expressões precisam ser extirpadas, no entanto os seus prepostos, na condição de doentes, aguardam amparo e cura.

Nesse mister terapêutico, é justo afastar do meio social o delinquente, o infrator, o portador de conduta irregular, a fim de que receba a competente orientação e adquira os valores indispensáveis para a reparação do mal praticado no conjunto humano de onde se afastou.

O amor não acusa, corrige; não atemoriza, ajuda; não pune, educa; não execra, edifica; não destrói, salva.

Em toda a Doutrina de Jesus, há um veemente repúdio ao Mal e um permanente convite aos maus para que se arrependam, expiem e se recuperem.

Quando o amor viger nos corações das criaturas, o Bem iluminará o Mal e a harmonia plenificará todas as almas; mesmo aquelas que avançam em estágios inferiores se sentirão estimuladas a alcançar os patamares elevados da libertação.

As enfermidades são a presença da sombra *nos equipamentos-luz do ser. Porque não hajam alcançado a plenitude do desenvolvimento, esses mecanismos sofrem os impactos da mente em desalinho – geradora de pensamentos mórbidos e atos perturbadores – cujo teor vibratório alcança-os, desconectando-os e abrindo campo para que se instalem as infecções degenerativas, as distonias emocionais e psíquicas.*

Enquanto houver no ser humano prevalência dos impulsos de violência e de ressentimento, de ciúme e de ódio, de amargura e de mentiras, maledicências, calúnias, a problemática da enfermidade nele predominará.

É indispensável que lhe ocorra uma mudança de comportamento mental, a fim de que se dê a cura real, e se erradiquem os miasmas pestilenciais que intoxicam as células e as debilitam.

O amorterapia é a solução que te está ao alcance. Não apenas te proporcionará a recuperação da saúde, se te encontras enfermo, como te fortalecerá para que evites adoecer.

A harmonia do Criador encontrará ressonância no teu campo vibratório, rico de amor, invadindo-te e dominando o teu corpo, a tua existência.

23
CURAS

À medida que se multiplicam os novos paradigmas a respeito do ser humano como realidade espiritual que é, sustentados em fatos robustos, surgem valiosas terapias nas áreas alternativas, objetivando a libertação do sofrimento, da angústia, do medo, dos desequilíbrios de toda ordem.

Felizmente, todas elas têm por meta a conquista de um ser integral, que supere os limites e as constrições que remanescem do seu passado espiritual, aprofundando a sonda da investigação nas causas profundas, que lhe jazem no ser, viajor de inúmeras existências corporais, nas quais se comprometeu perante a própria e a Consciência Cósmica.

Enquanto não se identifique com o erro e dele se conscientize, assumindo o compromisso de regularização pelo amor, pelo bem, permanecerão os fatores de perturbação ou os degenerativos de difícil superação.

A cura real somente ocorrerá do interior para o exterior, do cerne para a sua forma transitória.

Nesse sentido, a cura tem início quando o paciente se ama e passa a amar o seu próximo.

O processo de recuperação tem o seu curso, quando esse indivíduo consciente se liberta das paixões primitivas, alçando a mente e o coração aos nobres anseios e lutas de autoaprimoramento.

Mesmo na área das terapias acadêmicas tradicionais, a cura orgânica, psíquica ou emocional sempre se apresenta susceptível de recidiva, caso não haja uma profunda mudança de hábitos mentais e comportamentais da criatura, que permanecerá vulnerável, sem defesas imunológicas.

A Psiconeuroimunologia demonstra que cada um é, na área da saúde, aquilo que pensa e quanto se faz a si mesmo.

Assim, a cura é um processo profundo de integração da pessoa nos programas superiores da vida.

Toda cura procede de Deus. Como Deus é Amor, eis que o amor é essencial no mecanismo da saúde.

O amor sempre está aberto à compaixão. Não se pode ser compadecido, olvidando-se da solidariedade.

Desse modo, curar ou curar-se é forma de contribuir para o bem-estar do próximo.

A solidariedade abarca todos os seres sencientes, inclusive a Natureza nas suas variadas manifestações. Nessa amplitude do sentimento surge a necessidade da integração de cada um no organismo geral, sem a perda da sua individualidade.

Curar é participar com elevado sentimento de compreensão das debilidades alheias.

Essa compreensão expressa-se como tolerância, que ajuda sem reprochar e sem revolver feridas.

Curar é tolerar tudo e todos, avançando no rumo da paz.

A paz resulta do equilíbrio entre a razão e o sentimento, o que se faz e como se faz, sempre edificando.
E para consegui-lo, é indispensável orar.
Curar é, portanto, mergulhar no *oceano* da oração, de onde procedem a inspiração e a coragem para prosseguir no esforço de crescimento espiritual.
As curas verdadeiras resultam da decisão superior de encontrar-se e localizar-se, cada qual no contexto do equilíbrio que vige no Universo.
Nem sempre será a cura a falta de doença ou a ausência do medo, porém, ela se caracterizará pela confiança e pela ação enobrecida, que superarão os obstáculos, liberando o ser do primarismo que nele se demora, expresso nas mazelas que conduz das reencarnações infelizes.
Curar é liberar-se do *ego* inferior e alar-se ao Eu profundo, espiritual, sua realidade legítima.

Sempre que Jesus curava, envolvia o paciente em sucessivas ondas de amor, e por sabê-lo eterno, necessitado de novas e contínuas viagens carnais iluminativas, recomendava, conciso: – *(...) não peques mais, para que não te suceda coisa pior.*

O indivíduo íntegro não se utiliza de expedientes arbitrários, astuciosos, a fim de conseguir alcançar as metas que ambiciona.

O uso dos recursos desonestos gera problemas mais complexos do que aqueles que se propõe solucionar.

A pessoa que desdenha a integridade moral sofre instabilidade emocional, insegurança, receios contínuos, sob a expectativa de ver-se desmascarada. Interiormente experimenta contínua insatisfação, que decorre das ambições desmedidas e que espera atingir de forma irregular.

Jesus preferiu a morte infamante ao conluio com as forças dominantes do Seu tempo, que esmagavam o povo, responsáveis pela miséria em sua multiface.

Desejando estar bem contigo, portanto, com a vida, tudo quanto procures fazer, realiza-o nobremente. O que não conseguires de forma regular, não te preocupes, pois que não te fará falta.

Cada um recebe de acordo com o merecimento da necessidade da evolução.

Assim, desenvolve os valores morais, objetivando a Imortalidade, na qual te encontras mergulhado, e Deus estará contigo nessa grandiosa tarefa.

24
INTEIREZA MORAL

A quase totalidade das criaturas humanas, diante dos desafios, invariavelmente, posterga as soluções de profundidade, tomando decisões apressadas que não resolvem os problemas. Ou, quando tentam equacioná--los, fazem-no de tal forma, que dão surgimento a futuras dificuldades.

O fato decorre da ausência de inteireza moral, do receio de aprofundar o exame das causas que geram as aflições e do medo de enfrentá-las com decisão firme.

A tibieza de caráter propõe trégua à situação perturbadora, diminuindo os efeitos danosos dos incidentes, sem ir ao encontro dos fatores que os desencadeiam.

Acomodação por um lado, insegurança pessoal por outro, e somam-se inquietações que terminam por atropelar o ser mais tarde, dificultando-lhe a autorrealização, o discernimento, a harmonia.

A astúcia substitui, então, a sabedoria, e o improviso toma o lugar da programação adequada.

Diante de qualquer atividade torna-se imprescindível a decisão consciente, portadora de amadurecimento, que permite a identificação dos defeitos, assim como a maneira mais eficaz para canalizá-los.

Conta a mitologia grega, que Sísifo, rei de Corinto, necessitava de águas, de nascentes para as suas áridas terras. Por meios inconsequentes, ele tomou conhecimento que Egina, filha de Asopo, deus das fontes, fora raptada por Zeus, que a mantinha prisioneira.

Rogando ajuda a Asopo para as suas vinhas e terrenos, revelou-lhe o segredo, ganhando nascentes generosas. Porém, desagradou a Zeus, que mandou a Morte buscá-lo.

Quando foi visitado pela mensageira do infortúnio, elogiou-a, decantando-lhe a beleza, e pediu-lhe licença para colocar no seu pescoço um precioso colar.

A Morte, enganada, permitiu-o, e Sísifo aplicou-lhe uma coleira, aprisionando-a.

Por sua vez, Plutão, deus das almas e do inconsciente, irritou-se, e Marte, o deus do comércio e da guerra, porque ninguém mais morresse, intercederam junto a Zeus, para que tomasse providências. Ele libertou a Morte e mandou arrebatar a vida do infrator.

Sentindo-se morrer, Sísifo pediu à esposa que lhe não sepultasse o corpo.

Quando foi levado a Zeus, arengou o estratagema de que necessitava voltar à Terra por um dia, para exigir as homenagens devidas ao seu corpo, que lhe não haviam sido tributadas.

Zeus o permitiu. Chegando ao lar, reassumiu o corpo e fugiu em companhia da esposa.

(...) Um dia, porém, foi aprisionado por Hermes, que o conduziu à morte. Levado à presença de Zeus, que o reconheceu, este o penalizou com a punição de rolar uma pesada pedra, rochedo acima, a fim de colocá-la no acume. Sempre quando estava prestes a consegui-lo, a pedra lhe escapulia da mão e rolava montanha abaixo, exigindo-lhe repetir, sem cessar, o trabalho intérmino...

O que deves fazer, realiza-o bem, a fim de lograres o êxito pleno.

A tarefa interrompida aguarda conclusão.

Ninguém se desobriga de uma ação, gerando complicações futuras.

A inteireza moral orienta como se deve fazer o que lhe diz respeito, sem o concurso da dissimulação ou dos artifícios insensatos.

O conhecimento do dever estimula à sua desincumbência correta.

O êxito, portanto, resulta das soluções reais dos problemas existenciais, sem prejuízos para o próximo ou adiamentos para si mesmo.

Há um conceito equivocado que trabalha em favor da transformação moral das criaturas e, por extensão, do mundo, a golpes de violência, de policiamento e punição dos erros, assim como através de atitudes severas em relação aos delinquentes, aos viciados, aos ignorantes...

Enquanto viger essa conduta, menos provável se tornará a conquista dos valores éticos, pela sociedade, e da plenificação íntima pelos indivíduos.

A repressão trabalha contra a ordem, o equilíbrio e o progresso. É fomentadora da dissimulação, do suborno, da indignidade disfarçada de virtude.

Somente a educação consegue libertar o ser, por fundamentar-se no conhecimento e no dever para com a Vida, a sociedade e o próprio cidadão.

A doença solicita medicação, e a ignorância exige esclarecimento.

O crime e os vícios são enfermidades da alma, que devem ser tratados nas suas origens e não apenas punidos nos seus efeitos.

Por isso mesmo, são inadiáveis a autoiluminação e a transformação moral de cada qual, que se irradiarão no rumo do indivíduo mais próximo, oferecendo-lhe os seus benefícios, e terminando por alcançar os grupos mais distantes, que se lhes renderão, agradecidos e felizes.

25
PLENIFICAÇÃO ÍNTIMA

Poderás, se quiseres, transformar o mundo para melhor, desde que te empenhes com decisão na mudança do próprio comportamento, alterando o conceito sobre os valores que atribuis às coisas, assim como às experiências existenciais.

Não te preocupes em liderar uma revolução – social e econômica, cultural e ética, filosófica e científica, moral e religiosa – que poderia alterar os alicerces da Humanidade.

Quase sempre, aqueles que aspiram pelo progresso da sociedade supõem que as modificações dos grupos humanos se darão de cima para baixo, através de decretos e leis impostas que gerem fortuna e bem-estar, justiça social e harmonia.

Certamente, esse é o recurso mais elevado do processo da evolução, que um dia produzirá resultados excelentes. Isso, porém, quando a civilização conseguir expulsar dos seus quadros o egoísmo e os seus famanazes companheiros, tais a presunção, a violência, o amor-próprio, o orgulho, a hediondez moral... Somente assim haveria governos nobres e sábios, cumpridores dos estatutos dos direitos e deveres humanos.

São as paixões perturbadoras que reúnem os indivíduos nos grupos que se hostilizam reciprocamente, em face dos interesses mesquinhos a que se entregam, gerando conflitos e fomentando os ódios, que envenenam as criaturas...

Por essa razão, a tarefa insuperável, para este momento, é a do autoburilamento, da revolução íntima, para o encontro com a consciência lúcida e responsável, que poderá qualificar a paisagem evolutiva do ser.

Todo empenho aplicado na reforma moral dos hábitos perniciosos, e a consequente adoção de outros edificantes, faz-se o passo decisivo para a construção de um mundo harmônico, qual aquele que aspiras.

Se examinares as vidas dos mártires, constatarás que, inicialmente, eles trabalharam pela própria integração nos ideais que abraçavam, renovando-se e renunciando ao comportamento dissipador, insensato, no qual antes se movimentavam.

Os lutadores da Ciência, de tal forma acreditam no próprio esforço, que ainda enfrentando vicissitudes e antagonismos dão prosseguimento às suas experiências, até lograrem alcançar as metas ambicionadas. E, mesmo depois do êxito, não se detêm no aplauso ou na glória.

Todos os heróis se empenham na execução dos planos que elaboram, dominados pelo entusiasmo, vivendo os processos de que se utilizam nos programas que propõem.

Sem a adesão do indivíduo, o grupo social permanece inalterado. A célula é a base do conjunto, no qual constitui o órgão; mas, sem harmonia, a aglutinação se desarticula.

Provavelmente não encontrarás, no momento, ouvidos que te escutem ou mentes sérias que te recebam as proposições em torno do Bem.

Se eles estão fartos, aqueles que se relacionam contigo, dificilmente desejarão mudanças.

Se se encontram esvaziados intimamente, o seu pessimismo e frustração quiçá não te darão ouvidos.

Se padecem carência de qualquer matiz, desejarão reconforto e solução apressada.

Todavia, se te renovas e te iluminas interiormente, mantendo o otimismo e a bondade em todos os momentos, tornar-te-ás motivo de interesse, enquanto os impregnarás com os títulos de enobrecimento, irradiando saúde e felicidade, que os farão mais plenos.

Esse mecanismo funcionará, trabalhando cada criatura, que se sentirá ditosa, fraternalmente interessada por aqueles que permanecem na retaguarda da miséria e do sofrimento.

Trabalha-te, pois, sem cessar, despreocupado pelos resultados imediatos.

Jesus, planejando a construção do *Reino dos Céus* na Terra, fez-se modelo de amor e, impregnando cada ser que d'Ele se acercava, vem alterando os rumos da Humanidade, que lentamente abandona a *sombra*, supera a ignorância e avança no rumo glorioso do Infinito.

Ilumina-te, desse modo, amando e educando, consciente de que, se quiseres, modificarás, com a tua atitude de amor, o *mundo* no qual hoje transitas.

A luz brilha mais quando a escuridão predomina.

O medicamento destina-se ao enfermo.

A água fresca sacia a sede.

O pão generoso vence a fome.

É natural que, num planeta em processo de depuração, haja predominância do desequilíbrio e, portanto, da violência, do prazer enlouquecedor, da destruição.

O futuro, no entanto, desenha-se assinalado pelas realizações enobrecedoras, quando não mais haverá crime ou hediondez, aberração ou vício, maldade ou desgraça.

Os Espíritos que ora habitam a Terra passam pelo teste seletivo da qualidade moral. Os bons prosseguirão, os maus aguardarão em outros planos onde se modificarão para melhor.

Tua harmonia é necessária desde hoje, para diminuir o tumulto, o caos.

Começa, desde agora, a tua transformação interior, optando pelo sacrifício, ação elevada, bem sem limite.

Intentando essa operação, manter-te-ás em harmonia como instrumento dócil nas Mãos de Deus, que prossegue operando em favor do mundo feliz de amanhã.

26
CONSERVA-TE EM HARMONIA

Vês esboroarem-se as antigas construções dominadoras, ao sopro do vendaval que varre a Terra.

Acompanhas a decadência dos valores éticos de alta magnitude, sob o terremoto da alucinação que se estabelece.

Assistes a volúpia do prazer descabido, em nome dos novos rumos que a sociedade se impõe.

Observas a delinquência em crescendo, sem aparente próxima solução em pauta.

São tantos os abusos e tais as aberrações, que te percebes estranho no contexto social hodierno, sentindo-te deslocado no lar, no trabalho, onde te apresentas.

Com efeito, a depressão te ameaça, o medo te assusta, os conflitos te perturbam.

Indagas, aturdido: como será o futuro? Que conduta deverei assumir nestas graves circunstâncias?

Tem calma! Harmoniza-te com o Bem e aguarda.

Banhado pela fé, nada te deve perturbar.

Sustentado pela ação da caridade, que distribuas, não te desesperes.

A tua tarefa de crescimento para Deus, tu a realizarás.

Joana de Cusa demonstrou sua fé, no momento do martírio, permanecendo tranquila até ao fim.

Jan Huss, igualmente na fogueira, compadeceu-se dos sicários que o escarneciam.

Joanna D'Arc, entre as labaredas, manteve-se harmonizada e perdoou os seus algozes.

Giordano Bruno, também imolado pelo mesmo processo, ficou sereno.

Sempre houve períodos de loucura na Terra.

De quando em quando, a transição da Humanidade faculta a eclosão das paixões dissolventes e alucinadas.

Estes são dias graves. Conduze-te com robustez, apoiado no Evangelho de Jesus, seguindo confiante.

Não te aturda a balbúrdia dos enfermos-sorridentes, dos embriagados-jubilosos, dos intoxicados-zombeteiros.

Foste conduzido a esta situação, a fim de contribuíres para a melhoria das criaturas.

O médico é útil quando surge a enfermidade, ou antes, gerando condições que possam evitar o mal. Quando já instalada a doença, a terapia corresponderá ao seu grau de gravidade.

O mestre faz-se valioso diante da ignorância do aprendiz.

O cristão é fortaleza de segurança e apoio em favor dos que necessitam de ajuda.

Desperte e seja feliz

Jesus sempre esteve a braços com homens e situações, de certo modo, semelhantes a estas que enfrentas.

Foi nesse clima que Ele demonstrou a Sua grandeza, permanecendo em harmonia com os objetivos a que se entregou, sem perturbar-se nem tergiversar em momento algum.

Assim, conserva-te em harmonia.

Quem sobe a montanha aspira ar puro e descortina mais amplas paisagens.

Aquele que movimenta perfumes, aromatiza-se e beneficia-se com as agradáveis essências.

Quando alguém ora, enternece-se na blandícia da comunhão com Deus, experimentando renovação íntima e paz.

A oração dulcifica o ser, ilumina-o, acalma-o, renova-o, dá-lhe vida.

Orar é como arar; é produzir valiosos recursos de sustentação do equilíbrio.

Transferindo-se esse tesouro para outrem realizá-lo, perde-se a energia que se irradia do Pai na direção do suplicante. Embora a onda mental daquele que ora alcance quem necessita, e a intercessão propicie socorro, o ato pessoal de orar é poderoso veículo de elevação espiritual.

Habitua-te à oração para pedir, para louvar e para agradecer a Deus, sempre.

No clima de harmonia que desfrutes orando, intercede pelo teu próximo, mas concita-o a fazê-lo também, a fim de que ele se impregne de luz.

27
ORAÇÕES SOLICITADAS

Remanescendo do atavismo das *preces pagas*, generaliza-se o hábito das orações encomendadas. Graças à comodidade de transferir os deveres para o próximo e remunerá-lo, no mundo social, muitos religiosos aplicaram o mesmo método para as atividades da fé.

Estabeleceram cultos e cerimônias, sacramentos e rituais, com objetivos salvacionistas que podem ser alcançados mediante pagamento monetário, assim eximindo o fiel do saudável esforço moral e espiritual de sintonizar com as forças geradoras da vida.

Tal conduta, reprochável sob todos os aspectos considerada, gera o profissionalismo religioso e a indiferença pessoal aos conteúdos doutrinários, devendo ser eliminada dos comportamentos que assumem todos aqueles que se deixam tocar pelos postulados da Doutrina Espírita.

Escusam-se, alguns desses indivíduos que encomendam orações a benefício pessoal, que a sua atitude se justifica, por encontrarem-se aturdidos, sem a necessária lucidez, incapazes de concentrarem-se, padecendo inúmeros tormentos íntimos... Não obstante esses fenômenos psicológicos serem impeditivos à oração enriquecida de unção e bem sintonizada, a função da prece é produzir a harmonia, a claridade mental, a fixação das ideias felizes...

Transferindo para outrem o salutar recurso, embora recebam as vibrações que decorrem da intercessão, a assimilação da energia saudável faz-se muito difícil pela falta de permeabilidade psíquica, em razão do desalinho íntimo, que reage contra ela, bloqueando-lhe a captação ou eliminando-a por preponderância da irradiação de dentro para fora das ondas de pessimismo, de perturbação, de negatividade...

Assim, quem ora eleva-se a Deus e penetra-se de bênçãos, qual ocorre àquele que colhe flores perfumadas...

Indispensável disciplinar a mente, quando as circunstâncias são adversas, a fim de encontrar os requisitos favoráveis à sintonia com o Bem, logrando a comunhão pela prece.

Transferir a oportunidade, para que outrem a frua, é negar-se à conquista do equilíbrio emocional e da plenitude espiritual.

A transferência das orações por encomenda, para outros as realizarem, conspira em detrimento da responsabilidade e dos deveres que cumpre a todos realizar, a benefício próprio.

Orar é banhar-se de claridade, colocando-se em sintonia com as chuvas de energias restauradoras.

Quem ora enternece-se e vitaliza.

Jesus recomendou que orássemos uns pelos outros, num convite à solidariedade fraternal, a fim de que nos ajudemos através das ondas mentais da comunhão com Deus. Isso, porém, não cria a classe dos intercessores que induzem os necessitados à desistência do esforço pessoal.

Quando a dor se apresenta sob qualquer forma, a oração é o veículo mais eficaz para suportá-la e superá-la. Ademais, ela cria um campo de paz, no qual a alma se fortalece e se inspira, melhor identificando os recursos próprios para fomentar a alegria e o bem-estar.

Igualmente, quando o sucesso e os resultados felizes se apresentam, a oração de louvor, como de gratidão exterioriza o júbilo e prolonga a sensação de felicidade, por manter intercâmbio de energias, entre aquele que se expande em emoção superior e o Dínamo Irradiador de forças plenificadoras.

Não te escuses de interceder pelo teu próximo através da oração. Todavia, não estimules as encomendas de preces; por essa medida, os demais se sentem desobrigados de fazê-lo.

Ora, desse modo, ajudando àquele que sofre; no entanto, encoraja-o a sair do emaranhado de problemas psíquicos, e orando, ele próprio restaurar-se-á.

Quando orares por alguém, envolve-o em ternura e envia-lhe pensamentos de bem-estar, participando emocionalmente da vibração que lhe destines. Evita a repetição de palavras sem participação pessoal, a expressão maquinal, sem a onda do amor que ajuda.

Ao orares, abre-te a Deus e doa-te de coração e de alma. Sentirás as dúlcidas respostas impregnando-te de forças-luz que vitalizarão por largo período.

Jesus ensinou-nos pelo exemplo como se deve orar e por que se deve fazê-lo.

Sempre esteve buscando o Pai mediante a oração, que não transferiu para ninguém.

No Tabor ou no Getsêmani, a Sua oração-entrega foi total, transfigurando-se no primeiro monte e fortalecendo-se, no segundo, para o holocausto.

Ante as encomendas de preces, orienta os desavisados e convoca-os ao exercício de autoiluminação, porém intercede por eles, sem que esse ato se torne rotina que te impeça de sintonizar com Deus e ser feliz.

É inevitável o processo da evolução.

Mergulhado no rio do progresso, *o Espírito conquista, braçada a braçada, as distâncias que o separam do* porto da perfeição relativa *que lhe está reservado.*

A esforço, conquista recursos externos e conquista-se, lapidando arestas, depurando-se de mazelas, aprimorando-se intimamente.

Contempla os altiplanos e deslumbra-se ante a possibilidade de alcançá-los, não medindo os esforços que investe para consegui-los.

Os limites e as dificuldades iniciais são transformados em experiências úteis para futuros empreendimentos mais significativos.

Ao descobrir a finalidade da vida – ser feliz sem restrição –, o ser emerge da pequenez na qual se encontra e vence todos os obstáculos, qual plântula tenra que rompe a casca da semente onde se enclausura, e ruma na direção do sol que a vitaliza.

Esse tropismo Divino alça-o ao objetivo e fortalece-o nas diferentes etapas do crescimento, até o momento da plenificação anelada.

Não importam quais sejam os mecanismos da evolução. O essencial é consegui-la.

28
MECANISMOS DA EVOLUÇÃO

As conjunturas difíceis que vives fazem parte do processo evolutivo de todas as criaturas. Enfermidades, incompreensões, problemas do lar, limites orgânicos, dificuldades econômicas, são os mecanismos de que se utilizam as Leis Soberanas para estimular-te ao avanço, à conquista de mais elevados pisos.

Mesmo os triunfos aparentes, a fama transitória, a saúde, a tranquilidade doméstica tornam-se, às vezes, motivo de aflição.

Milton, o grande poeta inglês, afirmava que: "A fama é a espora que eleva o Espírito iluminado, a fim de que ele mais se desdobre e mais trabalhe, e quando, finalmente, pense em gozá-la, as *Fúrias* cindem o seu êxito e a vida fragilmente tecida".

O brilho da fama é visitado constantemente pela treva da inveja, que a tenta empanar ou mesmo apagá-la, levando a calúnia a tiracolo para o empreendimento nefasto.

As pessoas que aparentam felicidade e transitam no carro do triunfo, também experimentam dores e sofrem ansiedades, depressões.

Não te iludas com a vã esperança de lograres felicidade sem esforço e paz sem lágrimas.

A Terra é a *escola* dos aprendizes em fase de imperfeição e ignorância.

Alguns, bem intencionados, esforçando-se; outros, preguiçosos, criando embaraços para o próximo e para eles mesmos; diversos, distraídos, e atrasados; raros, com aproveitamento louvável, mesmo assim vivendo as condições e peripécias da sua humanidade.

Também és estudante algo negligente, equivocando-te, envolvendo-te em pugnas mesquinhas, gerando animosidade, perdendo tempo útil.

Gandhi afirmava que: "Se me não matarem, terei fracassado na campanha da não violência".

Raros os apóstolos do Bem que não sofreram a perseguição dos próprios correligionários, transformados em competidores e difamadores cruéis.

Muitas vezes, o amigo solidário de agora se transmuda em adversário de mais tarde.

Não foram os inimigos que atraiçoaram e negaram Jesus; mas, Seus amigos invigilantes.

A ti cabe a honrosa tarefa de enfrentar os problemas e solucioná-los; de trabalhar a enfermidade e recuperar a saúde; de lutar e adquirir a paz íntima em qualquer situação a que te vejas conduzido.

No desequilíbrio que predomina em toda parte, sê tu quem permanece com serenidade.

No vozerio das acusações, seja o teu silêncio a forma de defesa.

Na urdidura de qualquer mal, a tua se torne a presença do bem.

Nunca abandones a trilha da fé, nem te apartes dos deveres sacrificiais, porque sofres ou defrontas dificuldades.

Facilidade, improvisação, sorte, são expressões que não existem no dicionário dos Códigos Divinos. Tudo são conquistas arduamente conseguidas.

Fiel ao ideal que abraças e à vida que te exorna a marcha, não temas, não recues e não te desesperes.

A felicidade virá e permanecerá contigo a partir do momento próprio.

A ilusão é responsável por inúmeros sofrimentos.

Valorizando, excessivamente, os bens transitórios e apegando-se em demasia aos interesses materiais – paixões sensuais, valores amoedados, propriedades, juventude, saúde orgânica, entre outros –, o indivíduo teme vê-los desaparecer, transformar-se ou gerar conflitos, no entanto deixando-os *todos, um dia, mediante o fenômeno biológico da morte.*

Acreditando que esses empréstimos da vida – os valores físicos – são perenes, o que lhe constitui uma ilusão, quando defrontado ou dominado pela realidade, desarmoniza-se, padece dores, desespera-se.

A sobrevivência da vida à morte é a única e legítima expressão da existência humana.

Preparar-se para essa luminosa experiência inevitável, treinando o desapego e a solidariedade fraternal, é uma forma eficaz de diluir a ilusão, evitando perdas e sofrimentos futuros.

Somente, porém, sobrevive livre aquele que aprendeu no corpo a desatar-se das amarras das paixões enganadoras, nas quais em algum momento tentaram aprisioná-lo.

29
Sobrevivência e libertação

Os cristãos primitivos, convencidos da sobrevivência do Espírito aos despojos materiais, enfrentavam a morte cantando hinos de alegria.

No corpo, consideravam-se encarcerados, anelando pela liberdade.

Na limitação orgânica, sentiam-se em área estreita e sombria, desejando a luminosidade do amanhecer eterno.

Sob a constrição da matéria, experimentavam cativeiro perturbador e, por isso mesmo, esforçavam-se para alcançar a libertação.

Para esses cometimentos, desenvolviam os sentimentos nobres, refundiam a esperança no futuro, guardavam as reflexões em torno do amor eterno, nunca se detendo a considerar o trânsito carnal como realidade plenificadora.

Viviam as experiências terrenas com lucidez, preservando a certeza de que, por mais se alongassem, paralisariam na interrupção do corpo através da morte, a fim de as prosseguirem noutra dimensão imperecível, compensadora.

Em face dessa convicção, jamais se atemorizavam diante da própria morte, como da dos seres amados.

Fixando a mente e os ideais na sobrevivência, viviam no mundo como alunos numa escola, como hóspedes e não como residentes fixos, aguardando que o fluxo da vida mudasse de direção...

Martirizados ou perseguidos, recebiam a penalidade como forma de sublimação e de mais fácil ascensão à glória imortal.

O infortúnio do exílio, a separação dos bens e da família, embora os fizessem sofrer, não os desesperavam, por confiarem no reencontro futuro e na conquista de mais valiosos tesouros de paz e autorrealização.

O Cristianismo é doutrina de imortalidade que exalta a sobrevivência do ser, estruturado na Ressurreição de Jesus, o momento glorioso do Seu ministério ímpar.

A Idade Média, porém, com as suas superstições e fanatismos, envolveu a morte em terríveis sombras, vestindo-a de pavor e de exóticas formulações.

Exéquias demoradas, tecidos negros e roxos, ritos soturnos, cantochões deprimentes, carpideiras profissionais, cerimônias macabras, davam a impressão de horror e desalento em referência à morte.

Descambando para comportamentos monetários e realizações negociáveis, o espetáculo mortuário fez-se aparvalhante pela forma, desvirtuando o conteúdo da realidade imortalista...

O conhecimento da sobrevivência brinda a certeza em torno da continuação da vida depois do decesso carnal, e a morte passa a ser recebida com serenidade, com alegria.

À medida que os fatos confirmam a indestrutibilidade da vida, morrer deixa de ser tragédia, transformando-se em mecanismo que facilita o renascimento em outra esfera, no mundo espiritual.

A sobrevivência é o coroamento da existência física, que se transforma através do fenômeno biológico da morte.

Viva cada ser com elevação e desprendimento, treinando a libertação e, adaptando-se mentalmente, aguarde a hora feliz do retorno à *pátria* de onde veio para breve aprendizagem terrestre.

Deve recear a morte quem se encarcera nas paixões inferiores, aquele que se escraviza nos apetites insaciáveis, o ser que se agarra às manifestações do corpo transitório.

Passadas as angústias da saudade, diminuídas as amarguras da aparente solidão, o reencontro com os seres queridos, sobrevivendo à forma orgânica, constituirá o verdadeiro prêmio à confiança em Deus e à entrega ao Bem.

Guarda-te nessa confiança do reencontro com os teus familiares queridos e trabalha por ele, qual agricultor que vê a semente *morrer* hoje, a fim de acompanhar a planta exuberante, as flores desabrochando e os frutos saborosos que colherá mais tarde.

A sobrevivência é luz brilhante no fim do túnel, atraindo-te, fascinante.

Segue na sua direção com tranquilidade e nunca temas a morte.

Jesus é o Filho bem-amado de Deus.

Na Sua vida se cumpriram todas as profecias antigas, abrindo campo de luz para as realizações futuras.

O Seu ministério de amor foi um traço de união permanente entre o ontem e o hoje na direção do amanhã eterno.

Ele é como o Sol que esbate as sombras e vivifica com luz e calor.

Pensa n'Ele, inspirando-te no Seu labor revolucionário de dentro para fora.

Nunca O esqueças, seja qual for a situação em que te encontres.

Comungando mentalmente com Ele se dissiparão tuas dúvidas, se amainarão tuas inquietações e te transformarás, tornando-te um polo de ação dignificadora que atrairá as pessoas inquietas e aflitas, que passarão a conhecê-lO também.

Nesse momento será, então, Natal para eles, porque Jesus lhes está nascendo ou renascendo nas paisagens íntimas.

30
NATAL DE AMOR

As incertezas pairavam nos corações e nas mentes ensombradas pelas amarguras.

A dominação arbitrária de Roma esmagava a alma sobranceira de Israel.

Noutras vezes, as algemas da escravidão haviam reduzido o seu povo a hilota, na Babilônia, no Egito...

Nessa oportunidade, porém, à semelhança de outras nações que jaziam inermes sob o jugo das legiões ferozes, as esperanças de libertação eram remotas.

A boca profética estava silenciosa nos penetrais do Infinito, enquanto as tubas guerreiras erguiam a figura de César às culminâncias *divinas...*

A espionagem tornara a vida insuportável, e a tradição cobria-lhe as pegadas ignóbeis.

A dor distendia suas redes e reunia as vítimas, que se estorcegavam no desespero.

Ao mesmo tempo, lutavam, entre si, sacerdotes e levitas, fariseus, saduceus e publicanos, todos disputando prerrogativas que não mereciam.

As intrigas se movimentavam nas altas cortes do Sinédrio, envolvendo Caifás, Anás, Pilatos, que se engalfinhavam pela governança infeliz a soldo de interesses subalternos...

A Judeia era toda um deserto de sentimentos, onde a vaidade e a prepotência, a usurpação e o desmando instalaram suas tendas.

✴

(...) Foi nesse lugar, assinalado pelos azorragues do sofrimento, que nasceu Jesus.

Para atender às exigências de César, quanto ao censo, Seus pais se foram de Nazaré... E, em uma noite de céu turquesa, salpicado por estrelas luminíferas, visitada por ventos brandos e frios, Ele chegou ao campo de batalha, para assinalar a Era Nova e dividir os fastos da História.

Sua noite fez-se o dia de eterna beleza, e o choro, que Lhe caracterizou a entrada do ar nos pulmões, tornou-se a música que Ele transformaria nas almas em uma incomparável sinfonia, logo depois.

✴

Nunca mais a Humanidade seria a mesma, a partir daquele momento.

O mundo de violências e crimes, de guerras contínuas e agressões conheceu a não violência e o amor, como nunca antes houvera acontecido.

Jesus fez-se o Pacificador de todas as vidas.

Desceu dos astros para tornar-se a ponte da ligação com Deus.

Quantos desejaram a felicidade, a partir daquela ocasião, encontraram-na no *Sermão da Montanha*, que Ele apresentaria às criaturas, em momento próprio.

Desperte e seja feliz

Desde ali, todo ano, aqueles que O amam dão-se as mãos e unem os corações para celebrarem o Seu Natal, derramando bênçãos em favor dos que sofrem, buscando mudar-lhes as paisagens de aflição, brindando esperança, socorro e paz.

Neste Natal, permite que o Amor de Jesus te irrigue o coração e verta em direção daqueles para os quais Ele veio, os nossos irmãos sofredores da Terra.

Faze mais: deixa-O renascer na tua alma e agasalha-O, para que Ele siga em ti e contigo, por todos os dias da tua vida.